COMME UN POISSON DANS L'EAU

«Comme un poisson dans l'eau» existe du CE2 à la 5e.

W0391326

COMME UN POISSON DANS L'EAU

6e

© 1998 - Éditions Play Bac
33, rue du Petit Musc 75004 Paris
ISBN : 2-84203-213-6
Loi n° 49956 du 16 juillet 1949 sur les publications destinées à la jeunesse.
Dépôt légal : Juillet 1998.
Imprimé et relié en Espagne par SYL.

Crédits photos

pp. 60 à 63 : DR
p. 66 : RMN - Gérard Blot
p. 67 : RMN
pp. 69 à 77 : DR
p. 78 : RMN - P. Leroy
p. 87 : DR
p. 91 : Silva
pp. 94, 96 : DR
p. 97 : Fabrice Cahez
p. 98 : Daniel Sirugue
p. 102, 103, 106 : DR
pp. 148, 150, 151 : DR
p. 152 : Unicef - Pittet
p. 153 : Ville de Menton
pp. 154 à 160 : DR

COMME UN POISSON DANS L'EAU

Avec «Comme un poisson dans l'eau» les devoirs c'est facile et amusant !

Tu as oublié une leçon ? Tu as oublié une formule de calcul ? C'est très simple.

1. À l'aide des **intercalaires**, retrouve la matière qui t'intéresse.

2. En début de chapitre, le **sommaire** t'aide à retrouver la **fiche** sur laquelle se trouve ta **leçon**.

3. Sur chaque **fiche**, tu retrouves une **leçon** ou une notion clairement expliquée avec des exemples.

EDITIONS PLAY BAC

«Comme un poisson dans l'eau» est une création des Éditions Play Bac.

Depuis leur création en 1985, les Éditions Play Bac ont pour vocation de développer de nouveaux concepts qui permettent aux enfants d'apprendre en s'amusant.

De même que «**Les Incollables**» (les éventails de questions-réponses sur le programme scolaire) et que «**Un Mot par jour**» (le petit chevalet qui permet de découvrir chaque jour un mot nouveau), «**Comme un poisson dans l'eau**» associe :

- un **contenu sérieux**, testé et développé avec des enseignants ;
- un **traité ludique** qui donne envie d'apprendre ;
- un **format original et pratique**.

COMME UN POISSON DANS L'EAU

Une leçon par fiche, expliquée simplement.

Le thème

Le titre de la leçon

Les mots importants sont en jaune

Pour en savoir plus, les pages des leçons complémentaires sont indiquées

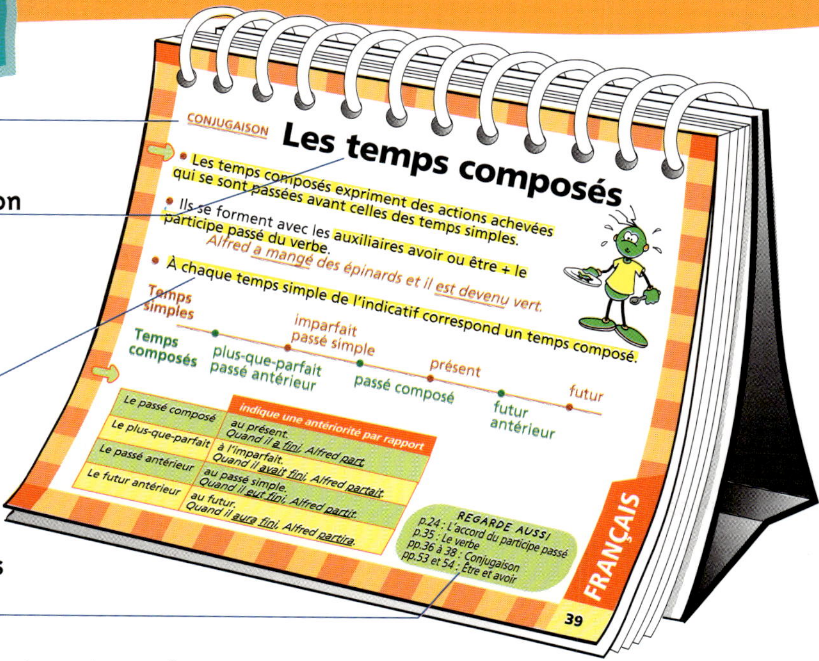

Attention, en histoire, géographie et sciences, les mots soulignés dans le texte sont expliqués dans le lexique.

COMME UN POISSON DANS L'EAU

Les Éditions Play Bac remercient...

... tous les professeurs qui ont participé à l'élaboration de
Comme un poisson dans l'eau 6e :
Français : Catherine Bon, Irène Petit, Martine Amiel
Maths : Françoise Tondelier, Nathalie Thévenet, Lucienne Lecointre
Histoire-Géographie : Thierry Jacques, Julien Mounier,
Elizabeth Hainault, Muriel Thibert, Olivier Richard
SVT : Jacqueline Puyravaud, Jean-Jacques Deshayes
Anglais : Claude Fleck, Armelle Tanguy, Rose-Marie Royer

Illustrations : Christophe Chabouté
Infographies : Christine Moubinous pour Fujiyama

Tous les produits Play Bac sont testés auprès de familles et de professeurs. Toutefois, si vous avez la moindre remarque, n'hésitez pas à nous en faire part en écrivant aux : Éditions Play Bac, 33, rue du Petit-Musc, 75004 Paris.

Ton opinion nous intéresse !

Merci de remplir ce petit questionnaire et de le renvoyer en le timbrant.

• As-tu "Comme un poisson dans l'eau" d'une autre classe ?

❑ CE2 ❑ CM1 ❑ CM2 ❑ 6e ❑ 5e

• As-tu un autre mémento (un livre qui résume tout ou une partie de ton programme scolaire) ?

❑ Oui ❑ Non

❑ Si oui, lequel ? .... Quelle classe ? ....

• Quand as-tu reçu "Comme un poisson dans l'eau" ?

Mois .... Année ....

• À quelle occasion as-tu reçu "Comme un poisson dans l'eau" ?

❑ Noël ❑ Anniversaire ❑ Rentrée scolaire

❑ Autre : ....

• Qui a eu l'idée de l'acheter ?

❑ Toi ❑ Tes parents

❑ Autre : ....

• Comment as-tu connu "Comme un poisson dans l'eau" ?

❑ Je l'ai vu (ou mes parents l'ont vu) dans un magazine, un journal ou à la télé.

❑ Un professeur m'en a parlé.

❑ Un ami, un frère ou une sœur m'en a parlé.

❑ Autre ....

• À quelle occasion utilises-tu "Comme un poisson dans l'eau" ? (Plusieurs réponses possibles)

❑ Pour faire tes devoirs ❑ Pour apprendre une leçon

❑ Pour réviser un contrôle ❑ Sans raison particulière

❑ Autre : ....

....

• Combien de fois utilises-tu "Comme un poisson dans l'eau" ?

❑ Tous les jours ❑ Plusieurs fois par mois

❑ Plusieurs fois par semaine ❑ Moins d'une fois par mois

❑ Environ une fois par semaine

• Quelle matière regardes-tu le plus souvent ?

❑ Français ❑ Maths ❑ Histoire

❑ Géo ❑ SVT ❑ Anglais

• Quelles améliorations souhaiterais-tu avoir dans "Comme un poisson dans l'eau" ?

....

....

....

....

....

....

Merci beaucoup.

Affranchir au tarif lettre

Ton prénom : .... ❑ Fille ❑ Garçon

Ton nom : ....

Ton adresse : ....

....

....

Code postal : |_|_|_|_|_|

Ville : ....

Ton n° de téléphone (facultatif) : |_|_|_|_|_|

Date de naissance : |_|_|_|

Classe : ....

Éditions Play Bac

33, rue du Petit-Musc

75004 Paris

Français

FRANÇAIS

Français

Au dos tu trouveras

le Français

Sommaire

Index

Sommaire

Index

Sommaire

Index

MATHÉMATIQUES

GRAMMAIRE

Les types et les formes de phrases

La phrase commence par une majuscule et se termine par un signe de ponctuation.

Alfred est superbe déguisé en danseuse.

On classe les phrases selon quatre types :

La phrase	est utilisée pour	et se termine par
déclarative	constater, affirmer ou nier *Alfred est un chic type.*	un point
interrogative	questionner, interroger *As-tu vu ses chaussures ?*	un point d'interrogation
impérative	ordonner, conseiller, interdire *Regarde plutôt les tiennes !*	un point ou un point d'exclamation
exclamative	exprimer une réaction, une émotion *Qu'il est gracieux !*	un point d'exclamation

Les quatre types de phrases peuvent être à la forme affirmative ou à la forme négative (en utilisant une négation : ni, ne, ne ... pas, ne ... jamais, ne ... plus).

*Arrête de me contredire ou je **ne** réponds **plus** de rien !*

forme affirmative — forme négative

REGARDE AUSSI
p.12 : La ponctuation
p.15 : Les mots invariables

Parallélépipède rectangle et cube
Patron et volume

Le patron d'un parallélépipède rectangle ou d'un cube est la figure qu'il faut construire sur une surface plane pour reconstituer par découpage, pliage et collage le solide dans l'espace.

Parallélépipède rectangle

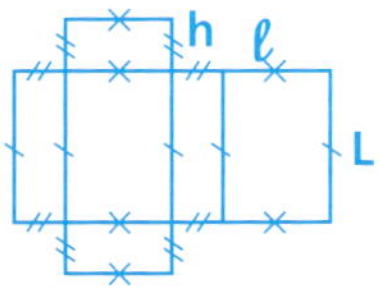

Cube

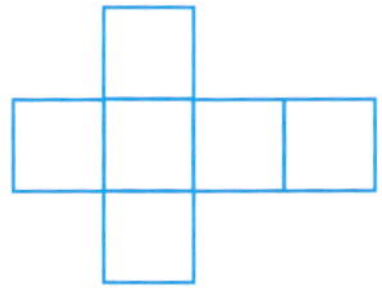

Pour calculer le volume d'un solide, consulte le tableau suivant :

Solide	Figure	Volume	Exemples
Parallélépipède rectangle	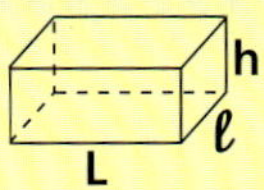	L x ℓ x h Longueur x largeur x hauteur	L = 15 cm, ℓ = 3 cm h = 5 cm V = 15 x 3 x 5 Volume = 225 cm^3
Cube	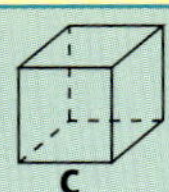	c x c x c côté x côté x côté	c = 5 cm V = 5 x 5 x 5 Volume = 125 cm^3

- **Attention**, pour appliquer ces formules, tu dois vérifier que **toutes les dimensions** sont exprimées dans la **même unité**.
- Tu peux également exprimer tes volumes en litres (L).

1 L = 1 dm^3 = 1 000 cm^3

REGARDE AUSSI
p.215 : Parallélépipède rectangle et cube

GRAMMAIRE

Les phrases verbales et non verbales, simples et complexes

- La **phrase verbale** comporte **au moins un verbe conjugué.**

  Le ver de terre a oublié son peigne.

- La **phrase non verbale** ne comporte **aucun verbe conjugué**.

Elle s'articule autour d'un mot noyau qui peut être :

- un nom (phrase nominale) : *Quel athlète !*
- un verbe à l'infinitif : *Ne pas oublier le gâteau dans le four.*
- un adjectif : *Génial !*
- un adverbe : *Vite !*
- une interjection : *Bravo !*

On distingue les phrases simples et les phrases complexes.

Phrase simple = une seule proposition indépendante autour :

- d'un verbe conjugué : *Alfred traverse le ciel à la nage* ;
- d'un nom : *La traversée du ciel* ;
- d'un verbe à l'infinitif : *Ne pas traverser*.

Phrase complexe = plusieurs propositions qui sont :

- **juxtaposées** : séparées par une virgule, un point virgule ou deux points : *Alfred traverse le ciel ; il a oublié ses palmes.*
- **coordonnées** : reliées par une conjonction de coordination ou un adverbe : *Alfred nage dans le ciel car il a peur de l'eau.*
- **subordonnées** : reliées par un mot subordonnant : *Alfred nage avec un parapluie parce qu'il s'est mis à pleuvoir.*

REGARDE AUSSI
p.20 : Les prop. indépendantes, principales et subordonnées

FRANÇAIS

Parallélépipède rectangle et cube

● Un parallélépipède rectangle ou pavé droit est un solide qui possède 6 faces rectangulaires.

Il a 3 dimensions :
- sa longueur L ;
- sa largeur ℓ ;
- sa hauteur h.

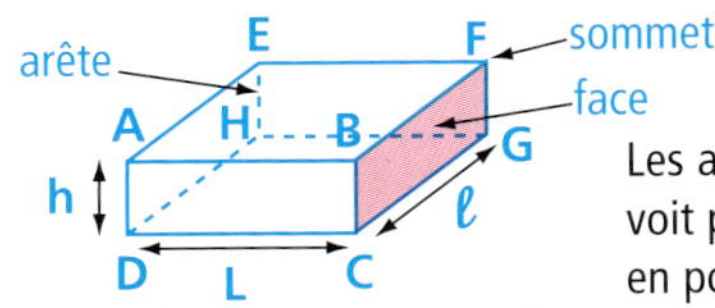

Pavé droit en perspective.

Les arêtes que l'on ne voit pas sont tracées en pointillés.

● Un cube est un solide ayant 6 faces carrées identiques.
C'est donc un pavé droit particulier pour lequel longueur, largeur et hauteur sont égales.

Caractéristiques d'un parallélépipède rectangle.

8 sommets	A, B, C, D, E, F, G, H	Attention au placement des lettres sur le dessin.
6 faces rectangulaires	ABCD et EFGH sont 2 rectangles de dimensions L et h ADHE et BCGF sont 2 rectangles de dimensions ℓ et h ABFE et DCGH sont 2 rectangles de dimensions L et ℓ	Ces 2 faces sont rectangulaires sur le dessin. La perspective «déforme» ces 4 faces et en fait des parallélogrammes.
12 arêtes	[AB], [DC], [EF], [HG] mesurent L [AE], [BF], [CG], [DH] mesurent ℓ [AD], [BC], [FG], [EH] mesurent h	2 arêtes qui ont un sommet commun sont perpendiculaires. 2 arêtes parallèles ont la même longueur.

Le sujet

Le sujet d'un verbe est un constituant essentiel de la phrase.
Il **fait l'action du verbe** (voix active) ou **la subit** (voix passive).
Pour le trouver, pose la question **«Qui est-ce qui ?»** ou **«Qu'est-ce qui ?»**

Alfred est un garçon étrange.

- Le sujet peut être un nom, un pronom, un GN, un verbe à l'infinitif, un adverbe, une prop. subordonnée conjonctive.

- Le sujet peut être **placé** :
  - devant le verbe ;
  - loin du verbe, séparé par un groupe de mots :

    Le chant de ses nombreux amis énerve Alfred.

- Il peut aussi être **inversé** (après le verbe) :
  - dans une phrase commençant par un C.C. :

    Au milieu du champ dort un loup.
  - dans les interrogations directes : *Entendez-vous ?*
  - dans certaines constructions :

    Voilà que chantent à nouveau Alfred et ses drôles d'amis.

- Ne cherche pas le sujet dans une phrase impérative, il n'y en a pas !

  Dansez maintenant !

- Dans les **tournures impersonnelles**, le **pronom sujet «il»** est appelé sujet grammatical (il ne remplace pas une personne) : *Et voilà, il pleut !*

REGARDE AUSSI
p.11 : L'accord du verbe avec son sujet
p.22 : Les propositions subordonnées
p.23 : La voix active et la voix passive

Médiatrice d'un segment

La médiatrice d'un segment est **la droite qui est perpendiculaire au segment et qui passe par le milieu de ce segment**.

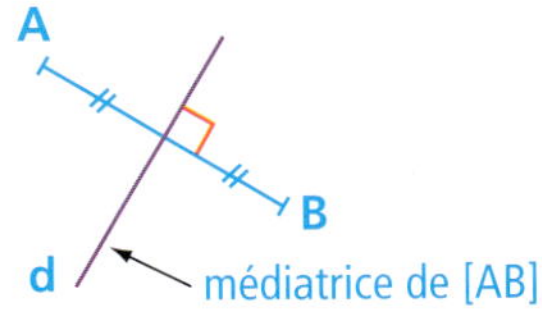

Tu peux construire la médiatrice d'un segment avec une règle et un compas.

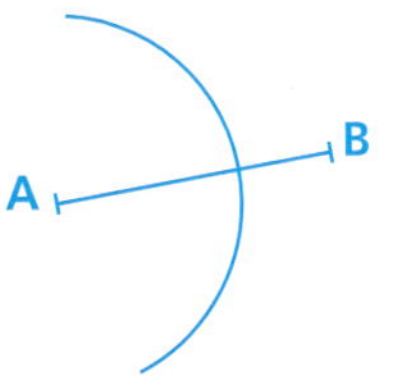

Trace un arc de cercle de centre A et de rayon r, plus grand que la moitié de AB.

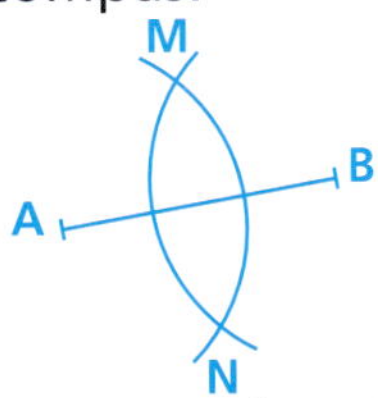

Trace un arc de cercle de centre B et de même rayon. Les 2 arcs de cercle se coupent en M et N.

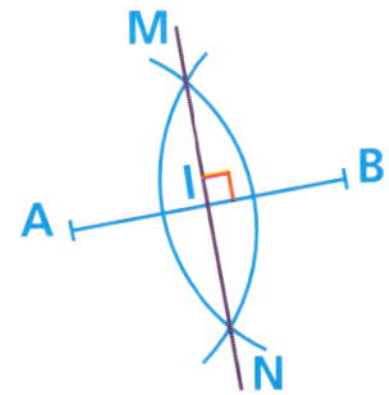

Trace la droite (MN). C'est la médiatrice du segment [AB].

Remarques :
- I est le milieu du segment [AB] ;
- la droite (MN) est perpendiculaire au segment [AB] ;
- la droite (MN) est l'axe de symétrie du segment [AB].

- **Tous les points de la médiatrice d'un segment sont à égale distance** (on dit aussi équidistants) **des extrémités de ce segment**.
- Si un point est à égale distance des extrémités d'un segment, alors ce point appartient à la médiatrice de ce segment.

REGARDE AUSSI
p.194 : Les segments

GRAMMAIRE

L'accord du verbe avec son sujet

Le verbe s'accorde en nombre et en personne avec son ou ses sujets.

Les robots adorent les insectes.

Quand le sujet est	le verbe s'accorde
un GN	avec le noyau du GN. *Un panier d'insectes est sur la table.*
un adverbe de quantité	au pluriel. *Beaucoup sont très jolis.*
un nom collectif (singulier suivi d'un pluriel)	au singulier si on insiste sur l'ensemble. *Une multitude de mouches se pose sur le panier.* au pluriel si on insiste sur les individus. *Un millier de puces sautent partout.*
une succession de noms	au pluriel. *Une araignée, une sauterelle et un scarabée bavardent à l'écart.*
un infinitif	au singulier. *Écouter les derniers potins est très intéressant !*
un pronom relatif	avec la personne de l'antécédent. *Ce sont les araignées qui ont le plus de choses à dire.*
le pronom «il» dans une tournure impersonnelle	au singulier. *Il est normal qu'on l'entende !*

Attention, n'accorde pas systématiquement le verbe avec le mot qui est devant lui.

Mais le cloporte ne les écoute plus.

REGARDE AUSSI
p.10 : Le sujet

Axes de symétrie de figures usuelles

La droite d est un axe de symétrie d'une figure si, en pliant selon la droite d, les deux moitiés de la figure se superposent.

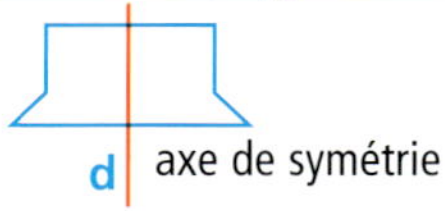

Voici les axes de symétrie des figures usuelles :

Rectangle	Losange	Carré
	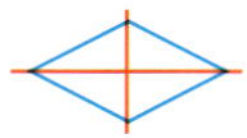	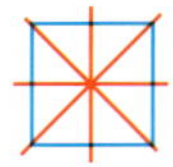
2 axes : les médiatrices des côtés.	2 axes : les droites qui portent les diagonales.	4 axes : ceux du rectangle et ceux du losange.
Triangle isocèle	**Triangle équilatéral**	**Cercle**
	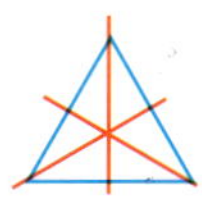	
1 axe : la hauteur issue du sommet principal, qui est aussi médiatrice, médiane et bissectrice.	3 axes : les hauteurs, qui sont aussi médiatrices, médianes et bissectrices.	Une infinité d'axes : les droites qui portent les diamètres.

Une figure peut ne pas avoir d'axe de symétrie.

REGARDE AUSSI
pp.211 à 213 : Symétriques

GRAMMAIRE

La ponctuation

La ponctuation introduit dans un texte des pauses et indique l'intonation que doit prendre la voix.

On utilise en fin de phrase	pour
le point .	marquer la fin d'une phrase déclarative.
le point d'interrogation ?	poser une question.
le point d'exclamation !	terminer une phrase exclamative ou impérative.
les points de suspension ...	indiquer qu'une phrase est interrompue.
On utilise à l'intérieur de la phrase	**pour**
la virgule ,	détacher des mots ou une proposition.
le point-virgule ;	séparer deux morceaux d'une phrase assez longue.
les deux points :	introduire une explication, une énumération ou des paroles rapportées.
les parenthèses ( )	encadrer une précision ou un commentaire de l'auteur.
le tiret –	marquer le changement d'interlocuteur dans un dialogue.
les guillemets « »	encadrer les paroles au style direct, mettre un mot en valeur.

Attention, la ponctuation peut changer le sens d'un texte.

Alfred dit : «Maman a raté son gâteau.» (maman a raté le gâteau)

«Alfred, dit maman, a raté son gâteau.» (Alfred a raté le gâteau)

REGARDE AUSSI
p.8 : Les types et formes de phrases

Symétrique d'un segment, d'une droite, d'un cercle

Le symétrique	par rapport à une droite d est	Construction
d'une droite Δ	une droite Δ'. 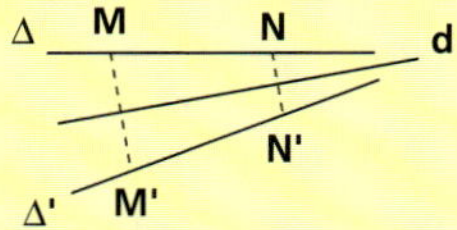	- Construis les symétriques M' et N' de deux points M et N de Δ. - Quand tu traces (M'N'), tu traces Δ', symétrique de Δ.
d'un segment [AB]	un segment de même longueur [A'B']. 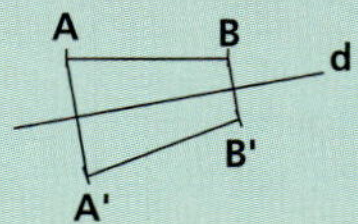	- Construis les symétriques A' et B' des extrémités A et B du segment [AB]. - Le segment [A'B'] est le symétrique du segment [AB].
d'un cercle $\mathcal{C}$	un cercle $\mathcal{C}'$ de même rayon et de centre O' symétrique de O par rapport à d. 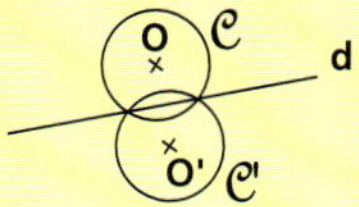	- Construis le symétrique O' du point O centre du cercle $\mathcal{C}$. - Trace le cercle $\mathcal{C}'$ de centre O' et de même rayon. C'est le symétrique du cercle $\mathcal{C}$.

REGARDE AUSSI
p.193 : Droites et demi-droites…
p.194 : Les segments
p.211 : Symétrique d'un point
p.212 : Figures symétriques

GRAMMAIRE

Les déterminants du nom

Les déterminants précèdent le nom auquel ils se rapportent. **Ils s'accordent en genre et en nombre avec lui.** Ce sont des **constituants indispensables du GN.**

Il existe six familles de déterminants :

Nature	désigne	Exemples
L'article : - défini - défini contracté - indéfini - partitif	- un nom connu - une préposition + un article - un nom non précisé - la partie d'une chose	*Le héros du film.* *Il sort du parking.* *C'est une machine volante.* *J'ai de la chance.*
L'adjectif démonstratif	un nom déjà cité ou que l'on montre	*Regarde cette machine !*
L'adjectif possessif	un possesseur précis	*C'est sa meilleure machine.*
L'adjectif numéral : - cardinal - ordinal	- un nombre - un rang	*Voilà deux projets.* *Voilà son deuxième projet.*
L'adjectif : - exclamatif - interrogatif	- un nom sur lequel on s'exclame - un nom sur lequel on pose une question	*Quelle classe !* *Mais quel est ce génie ?*
L'adjectif indéfini	un nom qui reste peu précis	*Je n'en ai aucune idée.*

Certains noms peuvent être précédés de deux déterminants :
Prends tes deux gilets de sauvetage.

REGARDE AUSSI
p.51 : Tableau des déterminants

Figures symétriques par rapport à une droite

Deux figures ℱ et ℱ' sont symétriques par rapport à une droite d si elles sont superposables par pliage le long de cette droite. Tous les points de la figure ℱ' sont alors les symétriques des points de la figure ℱ par rapport à d.

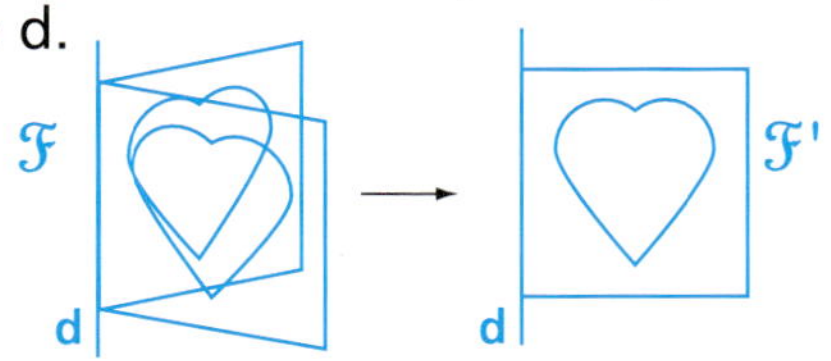

Pour construire la figure ℱ' symétrique de ℱ par rapport à d, construis les symétriques de plusieurs points de ℱ et relie-les.

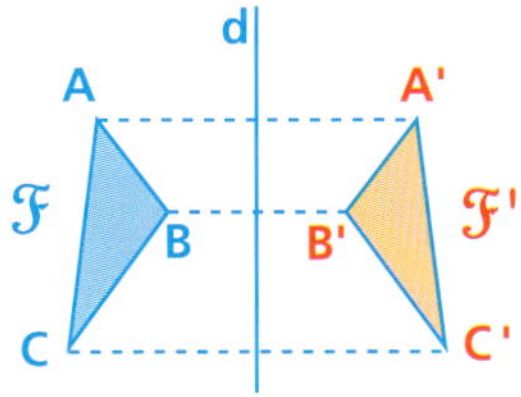

La symétrie conserve
- les longueurs : AB = A'B' ;
- les angles : $\widehat{ABC}$ et $\widehat{A'B'C'}$ ont la même mesure ;
- les aires : les triangles ABC et A'B'C' ont la même aire.

REGARDE AUSSI
p.211 : Symétrique d'un point
p.213 : Symétrique d'un segment, d'une droite…

Les pronoms

Les pronoms remplacent un nom ou un GN, souvent pour éviter une répétition.
Ils peuvent avoir toutes les fonctions du nom remplacé.

Il existe six catégories de pronoms.

Le pronom	est utilisé pour
personnel	dire qui parle, à qui l'on parle, de qui on parle. *Nous attendons un fantôme.*
démonstratif	désigner une personne ou une chose ; remplacer un nom en le désignant précisément. *Les fantômes sont bizarres, mais celui-ci fait très peur.*
possessif	exprimer une possession ; remplacer un nom en insistant sur son possesseur. *Ne touchez pas ces chaînes, ce sont les siennes !*
interrogatif	poser une question. *Qui veut lui faire peur ?*
indéfini	parler d'une personne ou d'une chose non précisées. *Quelqu'un a vu le fantôme ?*
relatif	introduire une subordonnée relative. *C'est Alfred qui s'est déguisé.*

Pour ne pas confondre les déterminants avec les pronoms, retiens : pro/nom = «à la place d'un nom».
Alfred veut rentrer chez lui (chez Alfred).

REGARDE AUSSI
pp.13, 51 : Les déterminants
p.21 : La proposition subordonnée relative
p.52 : Tableau des pronoms

Symétrique d'un point

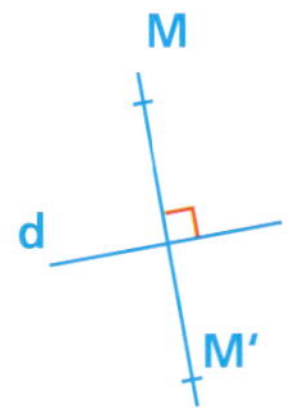

● Soient une droite d et un point M. M' est le symétrique de M par rapport à la droite d si d est la médiatrice du segment [MM']. Autrement dit, la droite d coupe [MM'] perpendiculairement en son milieu.

● M' est le symétrique de M par rapport à d et M est le symétrique de M' par rapport à d. **M et M' sont symétriques par rapport à d**.

Pour construire le point M' symétrique de M par rapport à d :

1) Utilise une équerre et un compas.

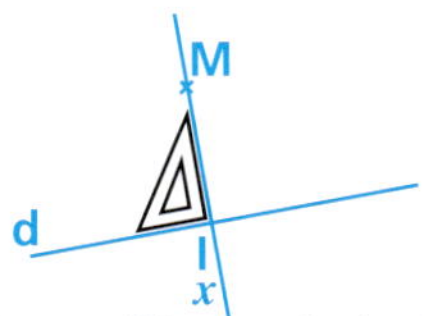

Construis avec l'équerre la demi-droite [Mx) d'origine M et perpendiculaire à d : elle coupe d en I.

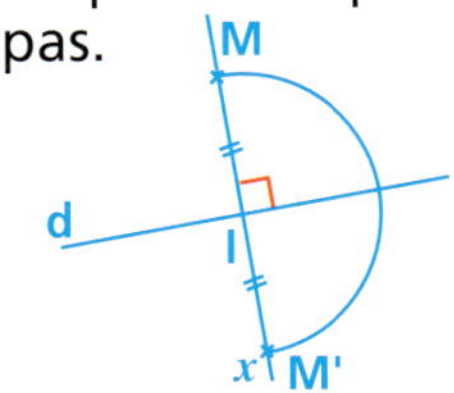

Trace un demi-cercle de centre I et de rayon IM : il coupe [Ix) en M'.

2) Utilise un compas.

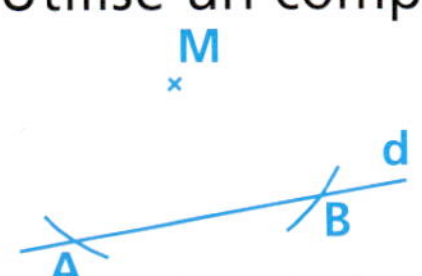

Trace un arc de cercle de centre M et de rayon r : il coupe d en A et B.

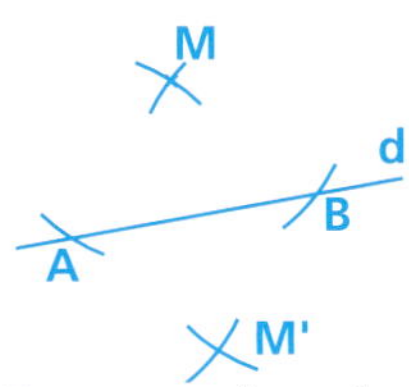

Trace un arc de cercle de centre A et de même rayon r, puis un arc de cercle de centre B et de même rayon r : ces deux arcs se coupent en M et M'.

REGARDE AUSSI
p.215 : Médiatrice d'un segment

Les mots invariables

➡ **Les mots invariables ont toujours la même orthographe : ils ne s'accordent jamais avec les autres mots, ils n'ont ni genre ni nombre.**

➡ On distingue 4 grandes classes de mots invariables.

Classe	Rôle	Exemples
L'adverbe	modifie ou précise le sens d'un verbe, d'un adjectif qualificatif.	*souvent, combien, là-bas, rapidement, trop, beaucoup, puis…*
La préposition	introduit un groupe nominal, un pronom ou un verbe à l'infinitif.	*avant, dans, avec, à cause de, pour, sans, sous, chez, à, de, par, pour, dès…*
Les conjonctions de coordination	relient 2 mots ou 2 groupes de mots de même nature et de même fonction.	*mais, ou, et, donc, or, ni, car…*
Les conjonctions de subordination	relient la proposition subordonnée à la principale ou à une autre subordonnée.	*quand, lorsque, dès que, parce que, que…*

➡ Les interjections *Ah ! Oh ! Chic ! Youpi ! Bravo !*… sont toutes invariables, mais elles n'ont pas de fonction dans la phrase.

REGARDE AUSSI
p.16 : Les mots variables
p.29 : Les adverbes

Calculs d'aire d'une surface

Pour calculer l'aire d'une figure complexe, décompose-la en figures simples d'aires connues (rectangle, carré, triangle rectangle).
Attention, **toutes les longueurs doivent être exprimées dans la même unité.**

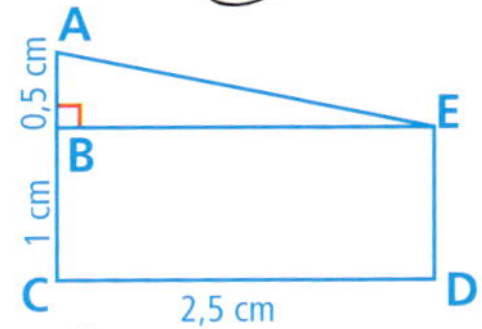

- **Calcule l'aire de la figure AEDC.**

Elle est composée d'un rectangle BCDE et d'un triangle rectangle ABE.
Aire du rectangle BCDE = 2,5 x 1 = 2,5 cm^2
Aire du triangle rectangle ABE = $\frac{2,5 \times 0,5}{2} = \frac{1,25}{2} = 0,625$ cm^2
Additionne ces 2 aires : 2,5 + 0,625 = 3,125 cm^2
L'aire de AEDC est donc 3,125 cm^2.

- **Calcule l'aire de la figure ABCDEF.**

Elle est composée d'un rectangle AGEF auquel on enlève le rectangle BGDC.

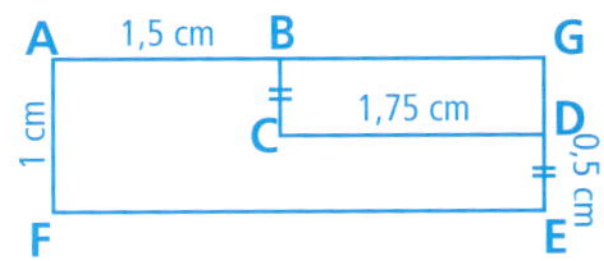

Aire du rectangle AGEF = 3,25 x 1 = 3,25 cm^2
(car AG = 1,5 + 1,75 = 3,25 cm)
Aire du rectangle BGDC = 1,75 x 0,5 = 0,875 cm^2
(car BC = DE = 1 : 2 = 0,5 cm)
Soustrais les 2 aires : 3,25 - 0,875 = 2,375 cm^2
L'aire de ABCDEF est 2,375 cm^2.

REGARDE AUSSI
p.209 : Déterminer l'aire d'une surface

GRAMMAIRE

Les mots variables

Les mots variables **changent de nombre donc d'orthographe, selon la place qu'ils occupent dans la phrase.**

On distingue 5 grandes classes de mots variables.

Classe	Rôle	Exemples
Le déterminant - articles - adjectifs	précède et accompagne un nom.	*le, un, mon, cette, quelque, quel, cent…*
Le nom	désigne une personne, un animal, une chose.	*ami, oiseau, cage…*
L'adjectif qualificatif	qualifie un nom.	*gentil, amusant, bleu, sérieux...*
Le pronom	remplace un nom.	*je, tu, celui-ci, le mien, on, personne...*
Le verbe	exprime une action ou un état.	*penser, danser, être, sembler, rire, avoir…*

- **Le déterminant et l'adjectif s'accordent en genre et en nombre avec le nom qu'ils accompagnent. Le pronom varie selon le nom qu'il remplace. Le verbe varie suivant la personne, le temps et le mode.**

- Un même mot peut entrer dans des classes différentes selon la phrase.

L'ours est fort gentil. L'ours est très fort.

adverbe (fort) — adjectif (fort)

REGARDE AUSSI
pp.13, 51 : Les déterminants
pp.14, 52 : Les pronoms
p.15 : Les mots invariables

Déterminer l'aire d'une surface

L'aire d'une figure est la mesure de sa surface.
L'unité d'aire est le m^2 (mètre carré).
Attention : 1 m = 10 dm mais 1 m^2 = 100 dm^2.
En effet 1 m^2 = 1 m x 1 m = 10 dm x 10 dm = 100 dm^2.

2 figures superposables par découpage et assemblage ont la même aire.

 a la même aire que 

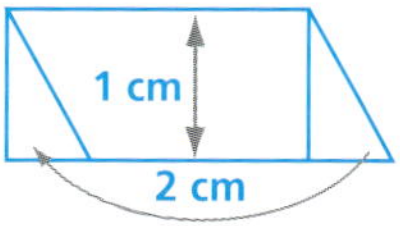

a la même aire que

Tu dois connaître quelques calculs d'aires de figures usuelles.

	Formules d'aire	Exemples
Carré 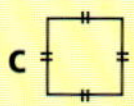	c x c = c^2	c = 6 cm A = 6 x 6 = 36 cm^2
Rectangle 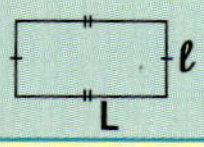	L x ℓ	L = 2 cm, ℓ = 1 cm A = 2 x 1 = 2 cm^2
Triangle rectangle (= moitié d'un rectangle) 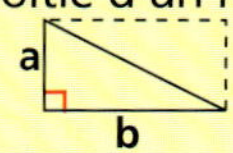	$\frac{a \times b}{2}$	a = 1 cm, b = 2 cm A = $\frac{1 \times 2}{2}$ = 1 cm^2

REGARDE AUSSI
p.210 : Calculs d'aire d'une surface

GRAMMAIRE

L'épithète, le complément du nom et l'apposition

L'épithète, le complément du nom et l'apposition font partie du GN.
Ils complètent le nom et sont facultatifs.

Fonction	Nature	Caractéristiques
Épithète	adjectif qualificatif, participe passé *Alfred préfère les belles plantes.*	- précise un nom - se place avant ou après le nom
Complément du nom	nom, GN, pronom, infinitif, adverbe, prop. sub. relative *Les plantes d'Alfred poussent en musique.*	- introduit par une préposition - placé après le nom
Apposition	nom, GN, pronom, adj.ou participe *Mozart, ce génie, est apprécié par les plantes d'Alfred.*	- séparé du nom par une virgule

● Le **complément du nom** ne représente **pas la même personne** ou la même chose que le nom complété :

Les plantes d'Alfred (plantes ≠ Alfred).

L'**apposition**, elle, représente la **même personne** ou la même chose :

La ville de Paris (ville = Paris).

● L'attribut du sujet complète aussi le nom. Il fait partie du groupe verbal. **Il ne peut pas être supprimé.** Il est séparé du sujet par un verbe d'état (être, sembler…).

Mozart est un compositeur allemand.
attribut de Mozart

FRANÇAIS

Les périmètres

Le périmètre d'une figure est la longueur de la ligne fermée de son contour. Il est exprimé en cm, dm, m…

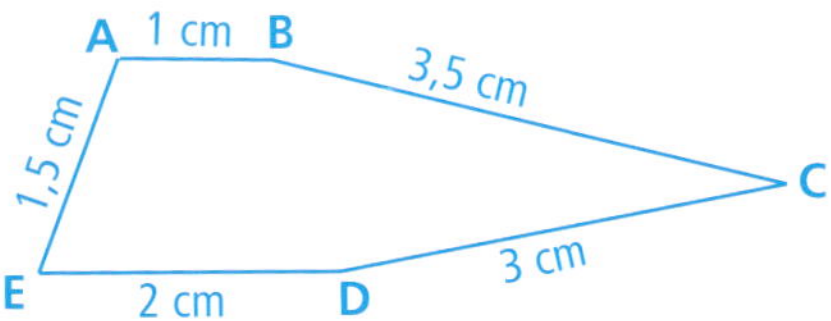

$\mathcal{P}$ = AB + BC + CD + DE + EA

$\mathcal{P}$ = 1 + 3,5 + 3 + 2 + 1,5 = 11 cm

	Périmètre	Exemple
Rectangle 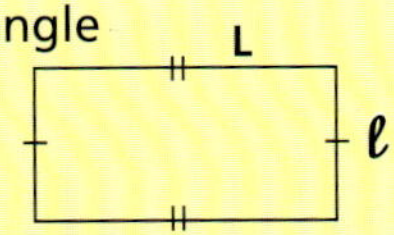	$\mathcal{P} = L + \ell + L + \ell$ $= (L + \ell) \times 2$ $= 2 \times (L + \ell)$	$L = 2$ cm ; $\ell = 1$ cm $\mathcal{P} = 2 \times (2 + 1)$ $\mathcal{P} = 6$ cm
Losange ou carré 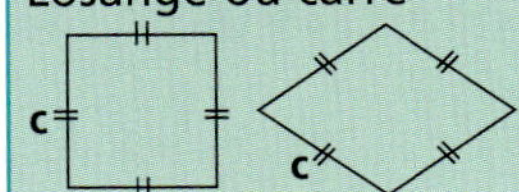	$\mathcal{P} = c + c + c + c$ $= 4 \times c$	$c = 1$ cm $\mathcal{P} = 4 \times 1$ $\mathcal{P} = 4$ cm

- Attention, pour calculer le périmètre, tu dois vérifier que **toutes les longueurs** sont exprimées dans la **même unité**.
- Pour calculer le périmètre d'une figure plus complexe, décompose-la en figures simples dont tu connais le périmètre.

REGARDE AUSSI
p.201 : Le périmètre du cercle

GRAMMAIRE

Les compléments d'objet direct, indirect et second

Les compléments d'objet appartiennent au **groupe verbal**. Ils permettent de **compléter l'action exprimée par le verbe.**

Alfred raconte <u>le film</u> <u>à son chien</u>.
COD COS

Fonction	Lien avec le verbe	Répond à la question
COD Complément d'objet direct	Directement lié au verbe sans préposition : *Alfred achète <u>une soucoupe volante</u>.*	Quoi ? Qui ? Que ?
COI Complément d'objet indirect	Séparé du verbe par une préposition sauf si le COI est un pronom : *Alfred parle <u>de sa vie d'extraterrestre</u>. Il <u>lui</u> parle.*	À quoi ? À qui ? De quoi ? De qui ?
COS Complément d'objet second	Précédé d'un COD (parfois d'un COI) et d'une préposition sauf si le COS est un pronom : *Alfred raconte <u>sa vie</u> <u>à ses nouveaux amis</u> tout verts.* COD COS	Y a-t-il déjà un COD ou un COI ?

Le COD est un complément d'objet essentiel. Il ne peut être ni supprimé ni déplacé.

Alfred prépare un voyage.
Alfred prépare n'a pas de sens.

REGARDE AUSSI
p.19 : Les compléments circonstanciels

Construire un losange

Un losange est un quadrilatère qui a quatre côtés de même longueur. Ses deux diagonales se coupent en leur milieu et sont perpendiculaires.

Pour construire un losange ABCD dont tu connais la mesure d'un côté, utilise ta règle et ton compas. Ex. : AB = 2 cm.

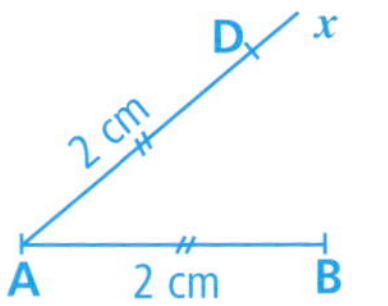

Trace 2 segments [AB] et [AD] de 2 cm.

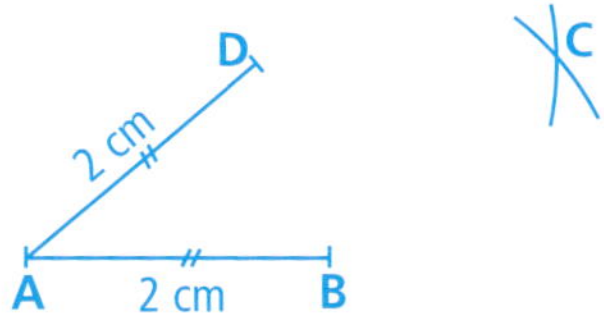

Trace 2 arcs de cercle de même rayon 2 cm, l'un de centre B, l'autre de centre D. Ils se coupent en C.

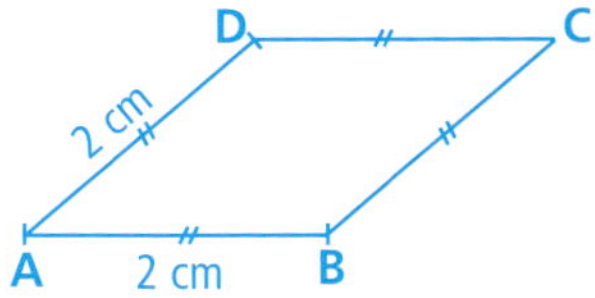

Trace les segments [BC] et [DC].

Pour construire un losange dont tu connais la mesure des 2 diagonales, utilise ta règle et ton équerre. Ex. : AC = 3 cm, BD = 1,5 cm.

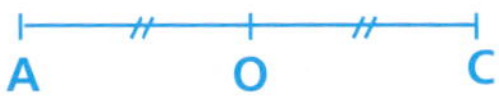

Trace un segment [AC] de 3 cm de milieu O.

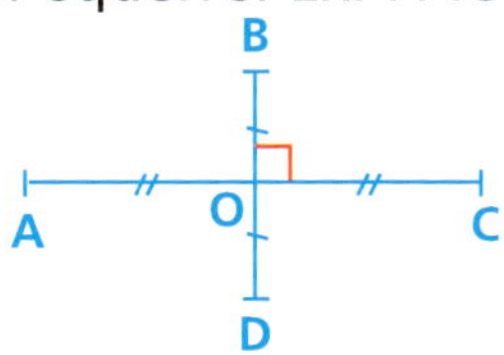

Trace la perpendiculaire à [AC] passant par O. Sur cette droite, place B et D tels que O soit le milieu de [BD] et [BD] = 1,5 cm.

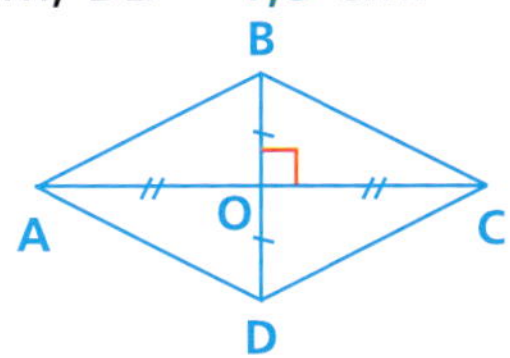

Trace les segments [AB], [BC], [CD] et [DA].

REGARDE AUSSI
p.194 : Les segments
p.196 : Tracer une perpendiculaire ou une parallèle…
p.204 : Les quadrilatères particuliers

GRAMMAIRE

Les compléments circonstanciels

Les compléments circonstanciels précisent les circonstances de l'action.
On peut généralement **les supprimer ou les déplacer**.

Alfred part au bord de la mer avec ses copains.
(au bord de la mer : C.C. de lieu ; avec ses copains : C.C. d'accompagnement)

Un complément circonstanciel peut être un nom, un GN, un pronom, un verbe à l'infinitif, une proposition subordonnée conjonctive, un adverbe…

On pose la question	pour identifier un C.C.
Quand ? Combien de temps ?	**de temps :** *Alfred reste des heures dans sa baignoire.*
Où ? (vers où, d'où…)	**de lieu :** *Alfred reste dans son bain.*
Comment ?	**de manière :** *Alfred plonge avec délices dans la mousse.*
Par quel moyen ?	**de moyen :** *Alfred explore la baignoire avec son tuba.*
À cause de quoi ? Pourquoi ?	**de cause :** *À cause des vagues, Alfred a mis sa bouée.*
Dans quel but ?	**de but :** *Pour respirer, Alfred a fabriqué un tuba.*
Avec qui ?	**d'accompagnement :** *Il coasse avec sa grenouille.*
Comme qui ?	**de comparaison :** *Ils s'entraînent comme deux fous.*
Malgré quoi ?	**d'opposition :** *Malgré la pluie ils continuent.*

REGARDE AUSSI

p.18 : Les COD, COI, COS
p.20 : Les propositions indépendantes, principales et subordonnées
p.22 : Les propositions subordonnées conjonctives

Construire un quadrilatère

Un quadrilatère est un polygone à 4 côtés. La diagonale [BD] partage ce quadrilatère quelconque en deux triangles. **La somme des angles d'un quadrilatère est égale à 360°.**

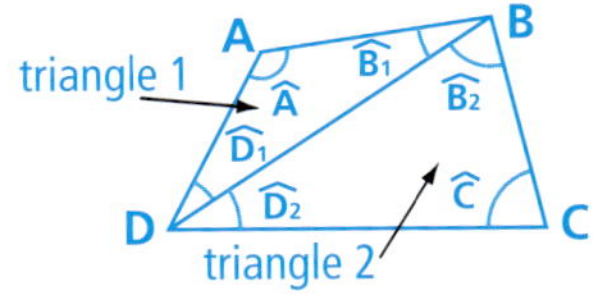

Pour construire un quadrilatère ABCD tel que AB = 2,5 cm, BC = 3 cm, DA = 1 cm, $\widehat{A}$ = 116°, $\widehat{B}$ = 75°, utilise une règle et un rapporteur.

Construis un segment [AB] de 2,5 cm.

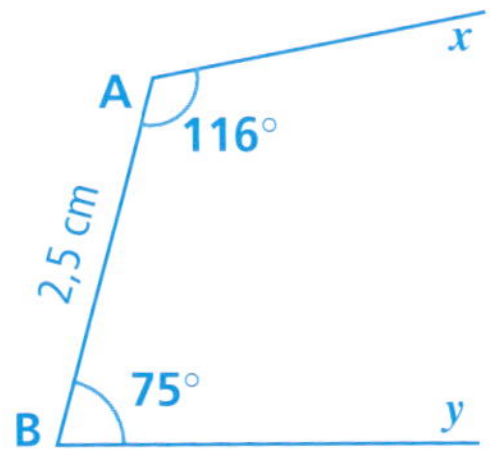

Trace avec le rapporteur la demi-droite [Ax) telle que $\widehat{BAx}$ = 116°, puis la demi-droite [By) telle que $\widehat{ABy}$ = 75°.

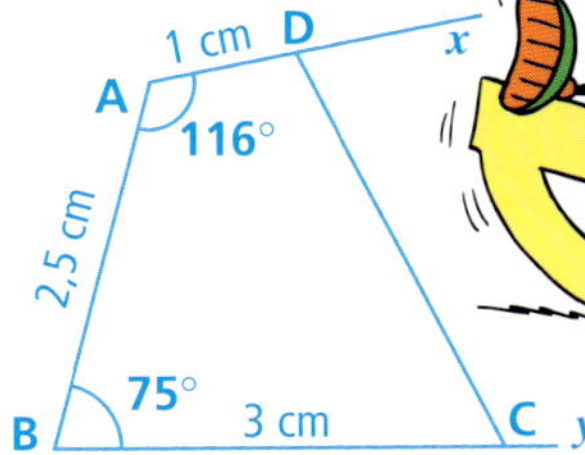

Place le point C sur [By) tel que BC = 3 cm, puis place le point D sur [Ax) tel que AD = 1 cm. Trace le segment [DC].

Un quadrilatère particulier est souvent plus facile à construire en partant de ses diagonales. Pour construire un rectangle ABCD dont les diagonales mesurent 3 cm, construis deux segments [AC] et [BD] sécants en leur milieu M, tels que MA = MB = MC = MD = 1,5 cm.

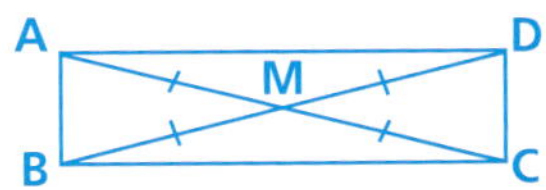

REGARDE AUSSI
p.197 : Les angles
p.202 : Les polygones : vocabulaire
p.204 : Les quadrilatères particuliers

GRAMMAIRE

Les propositions indépendantes, principales et subordonnées

Une proposition est constituée d'**un groupe verbal et de son sujet**.
Dans une phrase, il existe autant de propositions que de verbes conjugués.

Alfred a les pieds plats, il n'ose pas porter de tongs.

1re proposition — 2e proposition

La nature d'une proposition dépend de son rapport avec les autres propositions de la phrase.

Nature de la proposition	Caractéristiques
Indépendante	- ne dépend d'aucune autre proposition ; - aucune proposition ne dépend d'elle ; - n'a pas de fonction grammaticale. *Alfred déteste les œufs en chocolat.*
Principale	- est indispensable (c'est la plus importante de la phrase) ; - a au moins une subordonnée qui dépend d'elle ; - n'a pas de fonction. *Alfred sait qu'il devrait aimer les œufs en chocolat.*
Subordonnée	- dépend d'une autre proposition sans laquelle elle n'a pas de sens ; - est introduite par un mot subordonnant (pronom relatif, conjonction de subordination, mot interrogatif) ; - peut avoir toutes les fonctions du nom. *Quand il a faim, Alfred voit rouge.*

REGARDE AUSSI
p.9 : Les phrases verbales et non verbales
pp.21, 22 : Les propositions subordonnées

Construire un triangle

Un triangle est un polygone à 3 côtés.
La somme de ses 3 angles est toujours égale à 180°.

- Pour construire un triangle dont tu connais la longueur de 2 côtés et la mesure d'un angle, utilise ta règle et ton rapporteur.
Ex. : AB = 2,5 cm, AC = 2 cm, $\widehat{BAC}$ = 30°.

Trace un segment [AB] de 2,5 cm.

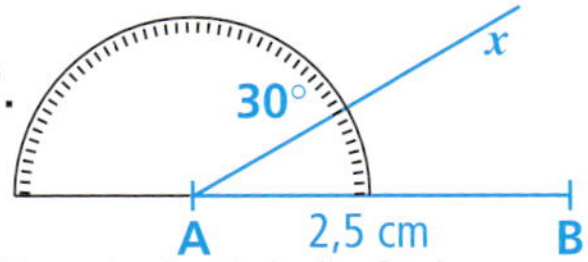

Trace la demi-droite [Ax) telle que $\widehat{BAx}$ = 30°.

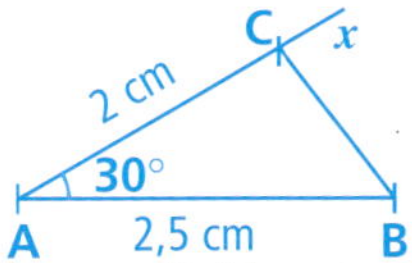

Place sur [Ax) le point C tel que AC = 2 cm. Relie les points B et C.

- Pour construire un triangle dont tu connais la longueur d'un côté et la mesure de 2 angles adjacents, utilise ta règle et ton rapporteur.
Ex. : AB = 3 cm, $\widehat{BAC}$ = 50°, $\widehat{ABC}$ = 40°.

Trace un segment [AB] de 3 cm.

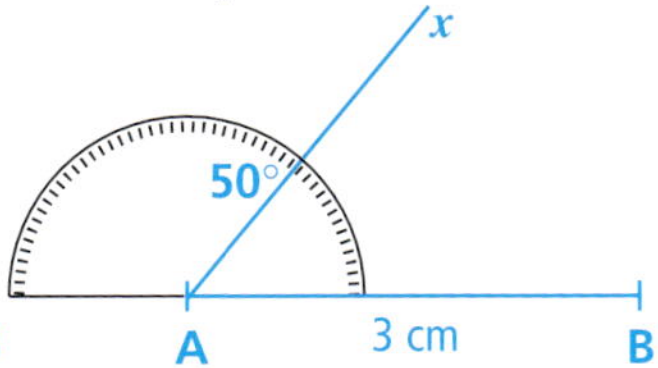

Trace la demi-droite [Ax) telle que $\widehat{BAx}$ = 50°.

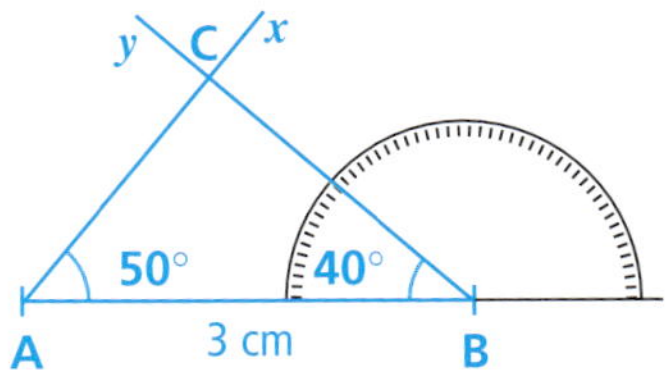

Trace la demi-droite [By) telle que $\widehat{ABy}$ = 40°. L'intersection des 2 demi-droites te donne le point C.

REGARDE AUSSI
p.194 : Les segments
p.198 : Mesurer ou reproduire un angle
p.202 : Les polygones : vocabulaire
p.203 : Les triangles particuliers

GRAMMAIRE

La proposition subordonnée relative

- La proposition subordonnée relative fait partie du groupe nominal.

- Elle complète un nom ou un pronom que l'on appelle antécédent et qui est toujours placé avant la relative. Sa fonction est complément de l'antécédent.

- Elle est introduite par un pronom relatif qui remplace l'antécédent.

*Alfred observe un oiseau **qui vole à reculons**.*
antécédent (un oiseau) — PSR (qui vole à reculons)

Pronoms relatifs simples	Pronoms relatifs composés
qui (sujet) que, quoi, qu' (COD)	lequel, laquelle, lesquels, lesquelles
dont (CDN, COI)	duquel, de laquelle, desquels, desquelles, auquel, à laquelle, auxquels, auxquelles
où (C.C. de lieu / temps)	

Le pronom relatif peut avoir différentes fonctions. Pour connaître sa fonction, remplace le pronom relatif par son antécédent.

*Alfred observe un oiseau **qui** vole à reculons.*
Cet oiseau vole à reculons ; donc **qui**, pronom relatif sujet.
sujet (Cet oiseau)

REGARDE AUSSI
p.14 : Les pronoms
p.52 : Tableau des pronoms

Les quadrilatères particuliers

Un quadrilatère est un polygone à 4 côtés, 4 sommets et 4 angles.
La somme de ses angles est toujours égale à 360°.

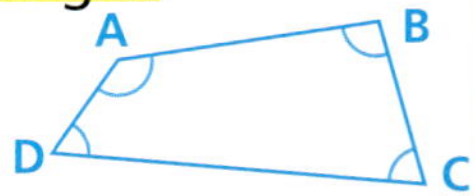

Certains quadrilatères sont particuliers :

Quadrilatère	Côtés	Angles	Diagonales	Axes de symétrie
Trapèze 	2 côtés opposés parallèles [AB] // [DC]	Somme des angles = 360°		Aucun
Parallélogramme 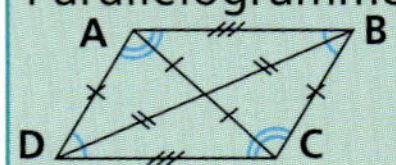	Côtés opposés 2 à 2 parallèles et de même longueur	Opposés égaux 2 à 2	Même milieu	Aucun
Losange 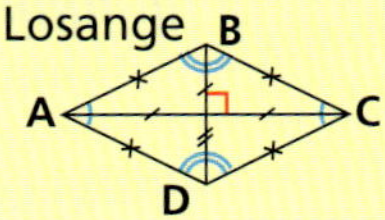	4 côtés de même longueur	Opposés égaux 2 à 2	Même milieu et perpendiculaires	2 axes : les diagonales
Rectangle 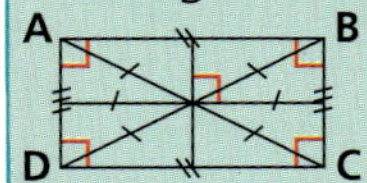	Côtés opposés 2 à 2 parallèles et de même longueur	4 angles droits	Même milieu et même longueur	2 axes : les médiatrices de ses côtés
Carré 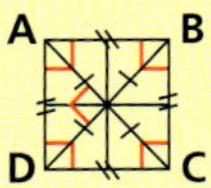	4 côtés de même longueur	4 angles droits	même milieu, même longueur et perpendiculaires	4 axes : 2 diagonales 2 médiatrices de ses côtés

GRAMMAIRE

Les propositions subordonnées conjonctives

Les propositions subordonnées conjonctives sont **toujours introduites par une conjonction de subordination**.

Elles **complètent le verbe d'une autre proposition** (principale ou subordonnée) comme le feraient un nom ou un GN.

La subordonnée	permet de	est introduite par	Fonction
conjonctive circonstancielle	préciser les circonstances de l'action	une conjonction de subordination	complément circonstanciel
	Quand il fait du ski, Alfred est content.		
conjonctive complétive	préciser l'objet de l'action, compléter le verbe de la principale	la conjonction de subordination **que**	COD, COI ou sujet
	Alfred trouve que les pistes sont difficiles.		

- Les propositions subordonnées circonstancielles sont facultatives. Les complétives ne peuvent être ni déplacées ni supprimées.

Attention :

- placé **derrière un verbe, «que»** est une **conjonction de subordination** ;
- placé **derrière un nom, «que»** est un **pronom relatif.**

REGARDE AUSSI

p.18 : Les COD, COI, COS
p.19 : Les compléments circonstanciels
p.20 : Les propositions subordonnées
p.21 : La proposition subordonnée relative

Les triangles particuliers

Un triangle est un polygone qui a :

- 3 côtés [AB], [BC], [CA] ;
- 3 sommets (A, B, C) ;
- 3 angles ($\hat{A}$, $\hat{B}$, $\hat{C}$). La somme de ces 3 angles est toujours égale à 180°.

Triangle	Propriétés	Remarques
Isocèle en A 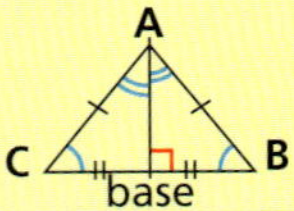	2 côtés de même longueur 2 angles égaux 1 seul axe de symétrie	- La médiatrice de la base est aussi médiane, hauteur, bissectrice et axe de symétrie. - Le sommet principal est opposé à la base.
Équilatéral 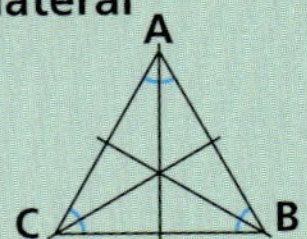	3 côtés de même longueur 3 angles égaux à 60° 3 axes de symétrie	- Les 3 médiatrices sont aussi médianes, hauteurs, bissectrices et axes de symétrie. - Un triangle équilatéral est un polygone régulier.
Rectangle en B 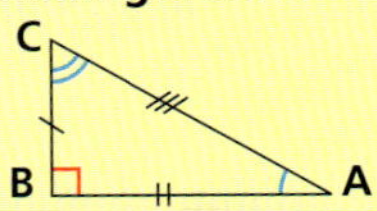	1 angle droit (90°) Aucun axe de symétrie	Le côté le plus long (et opposé à l'angle droit) est appelé hypoténuse.
Rectangle et isocèle en C 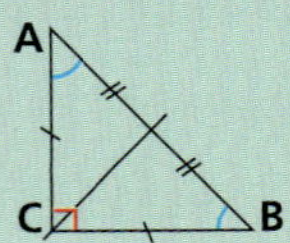	2 côtés de même longueur Un angle droit (90°) Un axe de symétrie	- [AB] est à la fois hypoténuse et base. - C est à la fois sommet principal et sommet de l'angle droit.

REGARDE AUSSI
p.197 : Les angles
p.202 : Les polygones
p.205 : Construire un triangle

GRAMMAIRE

La voix active et la voix passive

- Quand le sujet d'une phrase accomplit l'action, le verbe est à la voix active.

  Alfred pêche des tours Eiffel.

Quand le sujet d'une phrase subit l'action, le verbe est à la voix passive.

  Des tours Eiffel sont pêchées par Alfred.

- Le complément du verbe passif, appelé complément d'agent, est **introduit par les prépositions «par»** ou **«de»**.

- **Pour passer de la voix active à la voix passive**, transforme ainsi :

Voix active : Sujet + Verbe actif + COD

Voix passive : Sujet + Verbe passif + C. d'agent

(être + part. passé)

- Seule une phrase qui a un COD à la voix active peut être mise à la voix passive.

- **N'oublie pas :**
  - de conjuguer l'auxiliaire «être» du verbe passif au **même temps** que le verbe actif ;
  - d'accorder le participe passé avec le nouveau sujet.

  *Alfred **aimait** les tartes aux clous.*

  *Les tartes aux clous **étaient** aimées d'Alfred.*

Pour transformer une phrase passive **sans complément d'agent** en phrase active, **utilise «on»**.

  Les restes sont jetés. → *On jette les restes.*

REGARDE AUSSI
p.18 : Les COD, COI, COS
p.24 : L'accord du participe passé

Les polygones : vocabulaire

Un polygone est une figure géométrique plane, fermée d'au moins trois segments consécutifs appelés **côtés du polygone**.
Les **extrémités** de ces côtés sont les **sommets** du polygone.
Une **diagonale** est un **segment qui joint deux sommets non consécutifs**.

Il s'agit ici du polygone ABCDEF que tu peux aussi appeler EFABCD… mais pas ACBDEF car A et C ne sont pas consécutifs.

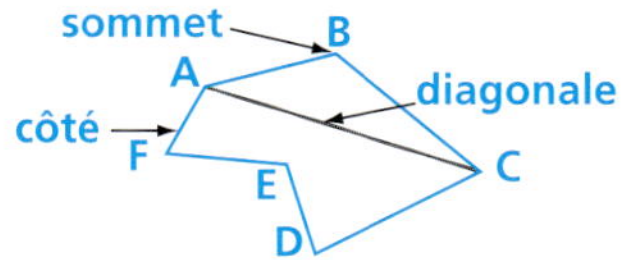

Les polygones à 3 côtés sont des triangles.
Les polygones à 4 côtés sont des quadrilatères.

Un polygone est **régulier** lorsqu'il a **tous ses côtés de même longueur et tous ses angles égaux**. Tout polygone régulier peut s'inscrire dans un cercle.

Un polygone régulier à	**est un**	**figure**
3 côtés	triangle équilatéral	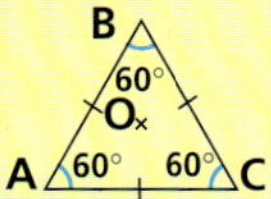
4 côtés	carré	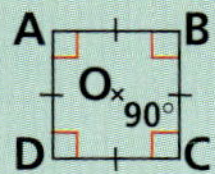
6 côtés	hexagone régulier	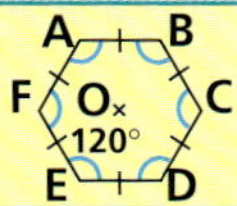

REGARDE AUSSI
p.203 : Les triangles particuliers
p.204 : Les quadrilatères particuliers

L'accord du participe passé

Le participe passé est une **forme verbale**. Il est utilisé :

- pour conjuguer un verbe à un temps composé : *Alfred s'est obstiné à faire la course avec une fourmi.*
- comme adjectif qualificatif : *Épuisé, il s'endort sur un hérisson.*

Si le participe passé est employé	il s'accorde
seul	en genre et en nombre avec le **nom** auquel il se rapporte. *Encore endormi, Alfred entre dans la cuisine.*
avec l'auxiliaire **être**	en genre et en nombre avec le **sujet** du verbe être. *Il est très surpris : les tranches de pain sont déjà beurrées.*
avec l'auxiliaire **avoir**	- avec le **COD** si celui-ci est placé avant le verbe. *Les miettes qu'elles ont semées partout le prouvent !* - jamais avec le sujet. *Elles ont fourni un gros effort pour trouver le beurre.*

Si tu trouves les deux auxiliaires devant le participe passé, il s'agit du verbe «être» conjugué à un temps composé. Tu dois donc accorder le participe passé avec le sujet.

Les miettes ont été dévorées.

REGARDE AUSSI
p.11 : L'accord du verbe avec son sujet
p.18 : Les COD, COI, COS
p.25 : Distinguer les formes verbales

Le nombre π, périmètre du cercle

Un cercle de rayon r (et de diamètre d) est une ligne fermée.

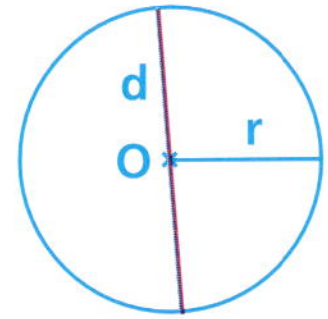

Il a donc un périmètre, donné par la formule $\mathcal{P} = 2 \times \pi \times r$ (écrit plus facilement $2 \pi r$) ou $\mathcal{P} = \pi \times d$ (car $d = 2 \times r$).

Le périmètre d'un cercle est proportionnel à son rayon et donc à son diamètre.

Attention, π (prononce «pi») **n'est pas un nombre décimal** car il a une infinité de chiffres après sa virgule : π = 3,141 592 653 589 793...

Pour les calculs, on utilise donc une valeur approchée : $\pi \simeq 3,14$.

- Tu peux calculer le périmètre d'un cercle à l'aide du diamètre ou du rayon.

Le périmètre d'un cercle de rayon r est $2 \times \pi \times r$.
Si r = 1 cm, $\mathcal{P} \simeq 2 \times 3,14 \times 1 \simeq 6,28$ cm.

Le périmètre d'un cercle de diamètre d est $\pi \times d$.
Si d = 3 cm, $\mathcal{P} \simeq 3,14 \times 3 \simeq 9,42$ cm.

- Pour te souvenir de la formule du périmètre du cercle pense qu'elle équivaut à «deux pierres» : $2 \pi r$.

REGARDE AUSSI
p.172 : Écriture décimale
p.200 : Le cercle : vocabulaire

ORTHOGRAPHE

Distinguer les formes verbales

Les terminaisons des formes verbales sont parfois difficiles à écrire car on entend le **même son, mais les orthographes sont différentes**.

Écoutez ! Il a toujours aimé chanter devant un public qui l'applaudissait.

La terminaison en	marque un	Tu la repères en
ais, ait, aient	**imparfait** *Il chaussait du 53 !*	changeant la personne. *Nous chaussions…*
é (ée, és, ées)	**participe passé** du 1er groupe *Il a chanté avec un chat.*	le remplaçant par un participe passé d'un autre groupe. *Il a ri avec un chat.*
er	**infinitif** *Il n'a pas pu s'empêcher d'imiter le chat.*	- le remplaçant par un verbe d'un autre groupe. *Il n'a pas pu se retenir…* - regardant s'il est précédé d'une préposition ou d'un autre verbe. *… pu s'empêcher d'imiter.*
ez	**impératif** *Dansez !*	changeant la personne. *Dansons !*

REGARDE AUSSI
p.24 : L'accord du participe passé
p.38 : L'imparfait
p.40 : L'impératif présent

Le cercle : vocabulaire

Un cercle de centre O et de rayon r est l'ensemble de tous les points situés à la distance r du point O. **L'intérieur du cercle est le disque.**

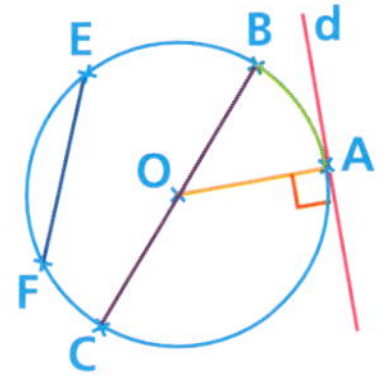

Le rayon est le segment reliant le centre à un point du cercle. Ici : [OA], [OB], [OC]…
Le diamètre est le segment passant par le centre et dont les extrémités sont deux points du cercle. Ici : [BC].
La corde est le segment reliant deux points du cercle. Ici : [EF].
L'arc de cercle est l'arc reliant deux points du cercle. Ici : $\overset{\frown}{AB}$.
La tangente d au point A est la perpendiculaire au rayon [OA] passant par A.

Tu peux définir un cercle de quatre façons :

- cercle de centre O et passant par A ;
- cercle de centre O et de rayon [OA] ;
- cercle de centre O et de rayon 1 cm ;
- cercle de diamètre [AB] (le centre est le milieu de [AB]).

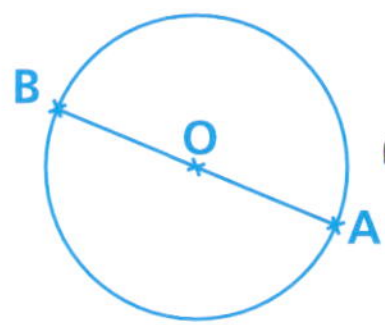

REGARDE AUSSI
p.196 : Tracer une perpendiculaire ou une parallèle…
p.201 : Le périmètre du cercle

Les homophones grammaticaux

Les homophones grammaticaux sont des mots qui se prononcent de la même façon mais qui s'écrivent différemment. **Ils n'appartiennent pas à la même classe grammaticale** et n'ont pas le même sens.

Homophones	Classe grammaticale	Peut être remplacé par
a	- verbe avoir à la 3e pers. du sing. du présent *Alfred a soif.*	avait
à	- préposition *Ses cousins vivent à Poitiers.*	vers, dans
son	- adjectif possessif *C'est son araignée.*	mon, leur
sont	- verbe être à la 3e pers. du plur. du présent *Les araignées sont violettes.*	étaient
ou	- conjonction de coordination *Le ciel est-il bleu ou rose ?*	ou bien
où	- adverbe interrogatif (de lieu) *Où est passé le balai ?* - pronom relatif *J'aime la plage où vivent les crabes.*	à quel endroit sur laquelle
la	- article défini *La peur me noue les doigts de pied.*	une
là	- adverbe de lieu *Le loup d'Alfred est-il là ?*	ici
mais	- conjonction de coordination *Je le répète mais je le regrette.*	cependant
mes	- adjectif possessif *Où sont passées mes socquettes ?*	tes, leurs

Bissectrice d'un angle

La bissectrice d'un angle est la droite qui passe par son sommet et partage cet angle en 2 angles égaux.

$\widehat{xAy} = 30°$; $\widehat{xAz} = \widehat{zAy} = 15°$.

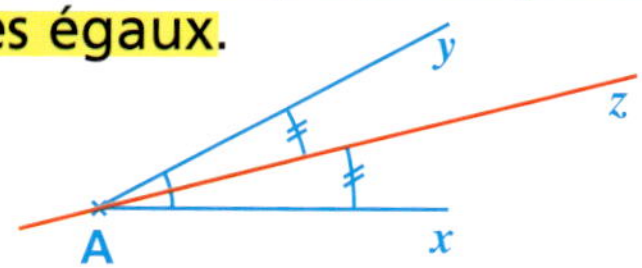

Tu peux construire la bissectrice d'un angle avec ton rapporteur. Ta construction sera cependant plus précise avec un compas.

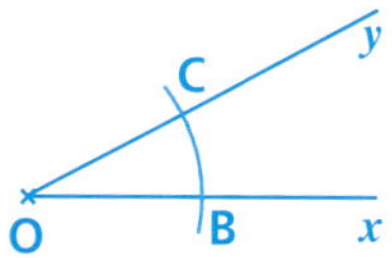

Trace un arc de cercle de centre O coupant [Ox) en B et [Oy) en C.

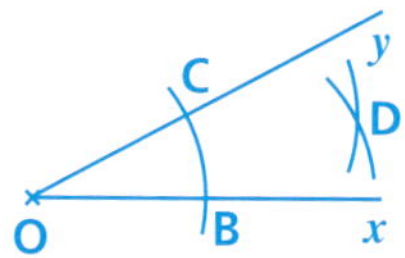

Trace 2 arcs de cercle de même rayon, le 1er de centre B et le 2e de centre C. Ils se coupent en D.

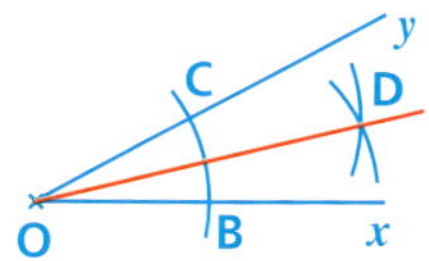

Relie le point D au point O. La demi-droite [OD) est la bissectrice de l'angle $\widehat{xOy}$.

La bissectrice d'un angle est son axe de symétrie (on peut donc l'obtenir par pliage).
Dans un triangle, les bissectrices d_1, d_2, d_3 des 3 angles se coupent en un seul point O.
On dit qu'elles sont **concourantes en O**.

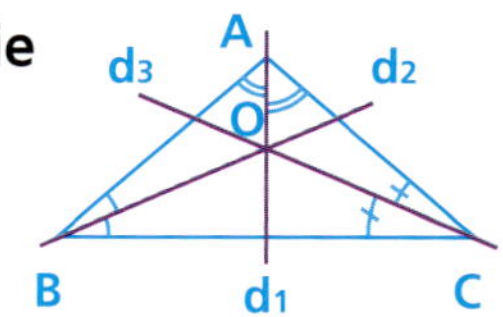

REGARDE AUSSI
pp.197, 198 : Les angles
p.214 : Axes de symétrie

ORTHOGRAPHE

L'accord des noms composés

- Pour bien accorder un nom composé, **il faut repérer la nature grammaticale de chacun des mots qui le compose**.

- Les noms et les adjectifs s'accordent au pluriel.
  Des plates-bandes, des choux-fleurs.

- Les verbes, les adverbes, les prépositions et les noms qui suivent les prépositions sont invariables.
  Des couche-tôt, des arrière-plans, des arcs-en-ciel.

- Attention aux particularités :
  - dans un nom composé, les noms se terminant par «o» sont invariables : *des radio-taxis* ;

  - certains mots comme «garde» sont invariables s'ils désignent une chose *(des garde-manger)* et variables s'ils désignent une personne *(des gardes-chasse)*.

- Le sens peut t'aider à bien accorder le nom composé.
  Des porte-monnaie : on porte de la monnaie ➤ pas de s.

REGARDE AUSSI
p.15 : Les mots invariables
p.16 : Les mots variables

Mesurer ou reproduire un angle

Pour mesurer un angle, utilise un rapporteur :

- place son centre sur le sommet de l'angle et le 0 de la graduation sur l'un des côtés de l'angle ;
- repère le trait de la graduation qui coïncide avec le 2e côté de l'angle ;
- lis alors la graduation. Elle te donne la mesure de l'angle en degré (°).

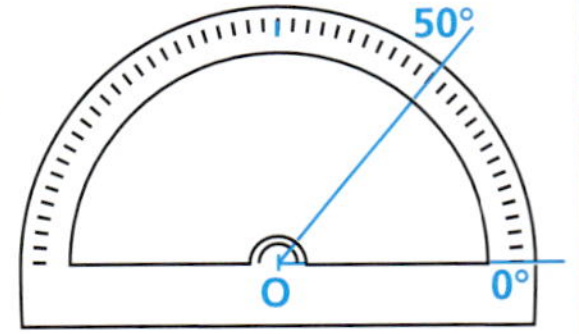

Pour reproduire un angle, superposable à $\widehat{xOy}$, tu peux aussi utiliser ta règle et ton compas :

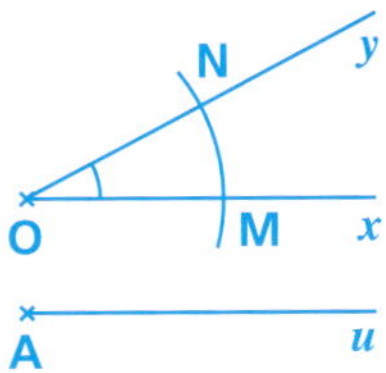

Sur l'angle à reproduire, trace un arc de cercle de centre O qui coupe [Ox) en M et [Oy) en N. Trace une demi-droite [Au).

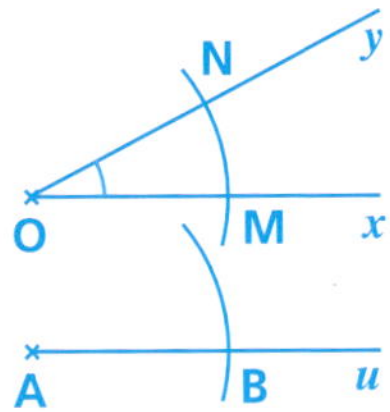

Avec l'écartement entre O et M, trace un arc de cercle de centre A qui coupe [Au) en B.

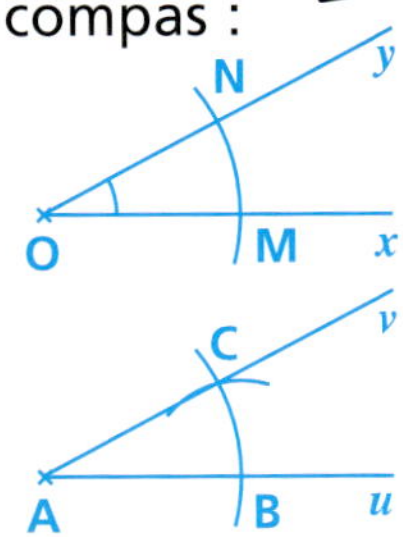

Avec l'écartement MN, trace un arc de centre B qui coupe l'autre arc en C. Trace alors [AC), c'est la droite [Av).

REGARDE AUSSI
p.197 : Les angles

ORTHOGRAPHE

L'accord des adjectifs

L'adjectif qualificatif s'accorde en genre et en nombre avec le nom ou le pronom auquel il se rapporte.

Un adjectif se forme au	en ajoutant	Attention aux irrégularités
féminin	un **e** *fort, forte*	*fermier, fermière, joueur, joueuse, bon, bonne ...*
pluriel	un **s** *petit, petits*	*beau, beaux, hivernal, hivernaux ...*

Au pluriel, les adjectifs	sont
numéraux cardinaux	invariables. *Les quatre amis.*
qualificatifs indiquant une couleur	- variables s'ils sont employés seuls. *Des Martiens rouges.* - invariables si l'adjectif est composé. *Des Vénusiens bleu-vert et bleu foncé.* - invariables si l'adjectif est aussi un nom. *Des Jupitériens orange.*
nu demi	- invariables s'ils sont placés devant le nom. *Nu-pattes ; une demi-heure.* - variables s'ils sont placés après le nom. *Les jambes nues ; deux heures et demie.*

- Vingt et cent prennent un «s» seulement quand ils sont multipliés par un nombre sans être suivis d'un autre nombre.

  Quatre-vingts / Quatre-vingt-deux.

- Mille est toujours invariable.

REGARDE AUSSI
p.15 : Les mots invariables
p.16 : Les mots variables

FRANÇAIS

Les angles : définition, notations

- **Un angle est formé par 2 demi-droites de même origine.**
Les **2 demi-droites** [Ax) et [Ay) sont les **côtés** de l'angle.
Leur **origine commune** est le **sommet** de l'angle : A.

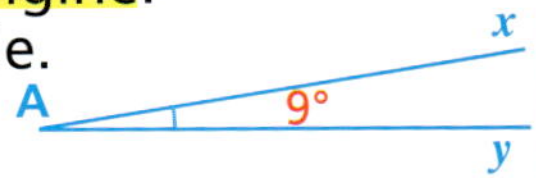

- Un angle est caractérisé par sa mesure que l'on exprime en degrés (°).

- Sur le dessin, l'angle formé par les demi-droites [Ax) et [Ay) est noté $\widehat{xAy}$.
La lettre du milieu est toujours le sommet de l'angle.

- Ici, l'angle $\widehat{BAC}$ est saillant, car compris entre 0 et 180°.
L'angle $\overset{\smile}{BAC}$ est rentrant car compris entre 180° et 360° (on inverse le «chapeau»).
Les angles $\widehat{BAC}$ et $\overset{\smile}{BAC}$ ont pour sommet A et pour côtés [Ax) et [Ay) ou [AB) et [AC).

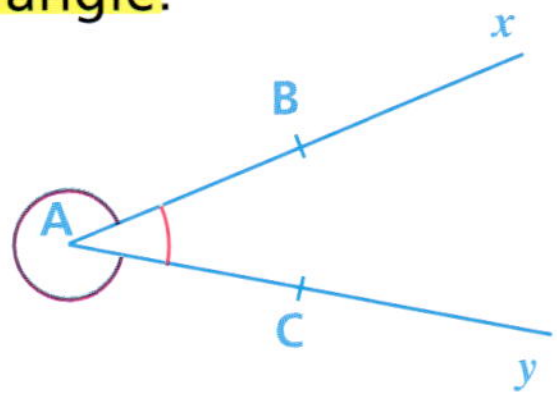

Si $\widehat{xOy}$ est	sa mesure est	Schéma
nul	0°	
plat	180°	
droit	90°	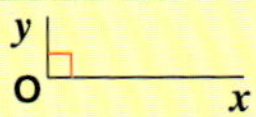
aigu	comprise entre 0° et 90°	
obtus	comprise entre 90° et 180°	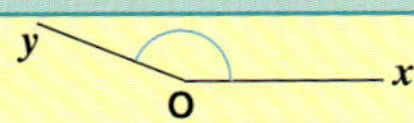

REGARDE AUSSI
p.193 : Droites et demi-droites

Les adverbes

- Les adverbes sont des mots invariables.
Ils précisent un verbe, un adjectif ou un autre adverbe. Ils sont presque toujours facultatifs.

- Les adverbes de **manière**, de **temps** et de **lieu** **précisent une circonstance de l'action.**

Patiemment (manière), *Alfred prépare son départ.* *Bientôt* (temps), *ce sera le jour J.*

- Les adverbes **d'intensité** (assez, moins…), **de liaison** (en effet, pourtant…), **d'interrogation** (comment, pourquoi…), **de négation** (ne … pas, ne … plus) **modifient le sens de la phrase et ne sont pas facultatifs.**

Les adverbes qui se terminent par le suffixe **-ment** se forment **à partir d'un adjectif qualificatif**.

Si l'adjectif finit par	l'adverbe se forme avec	Exceptions
une voyelle	**ment** *vraiment*	*gaiement* ou *gaîment*
une consonne	**l'adj. au féminin + ment** *grandement*	*gentiment*
ent ant	**emment** *évident* ➤ *évidemment* **amment** *méchant* ➤ *méchamment*	

Pour distinguer l'adverbe de l'adjectif, rappelle-toi que seul l'adjectif peut être mis au féminin.

REGARDE AUSSI
p.15 : Les mots invariables

Tracer une perpendiculaire ou une parallèle à une droite donnée

Pour construire avec une règle et une équerre une droite perpendiculaire à une droite d et passant par un point M :

1) Place l'équerre comme indiqué ci-contre.

2) Colle ta règle contre l'équerre, puis enlève ton équerre et trace la perpendiculaire à d passant par M.

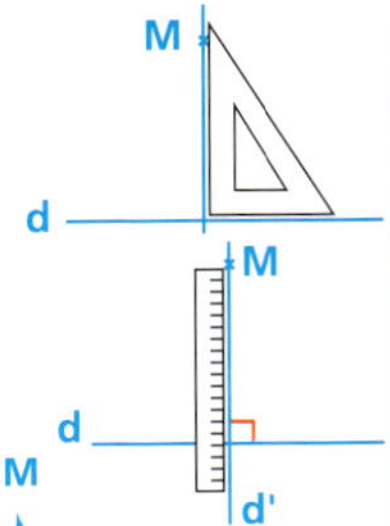

Pour construire une droite parallèle à une droite d et passant par un point M :

- **Avec une règle et une équerre :**

1) Place l'équerre et la règle comme indiqué ci-contre.
La règle est perpendiculaire à d.

2) Sans bouger la règle, fais glisser l'équerre le long de la règle jusqu'au point M.
Tu obtiens la droite d' parallèle à d passant par M.

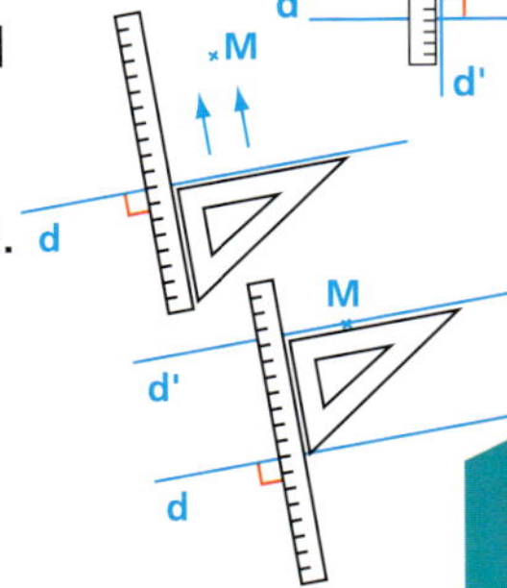

- **Avec une règle et un compas :**

1) Trace le demi-cercle de centre A passant par M.
Il coupe d en B et C.

2) Reporte la longueur MB à partir de C.
Tu obtiens le point E.

3) Trace la droite (ME).
C'est la droite d'.
d' // d.

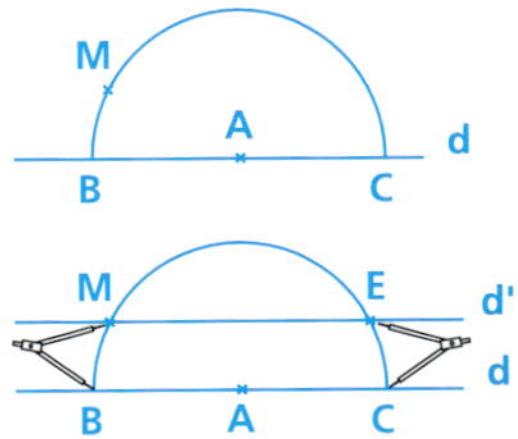

REGARDE AUSSI
p.194 : Les segments p.195 : Droites

VOCABULAIRE

La composition des mots

- Le radical est la partie indispensable du mot. Il porte l'essentiel du sens. On peut y ajouter un préfixe ou un suffixe pour créer de nouveaux mots.

- **Préfixe = avant le radical. Suffixe = après le radical.**

  flamme → in / flamm / able
  préfixe radical suffixe

- **Le préfixe change le sens du mot mais pas sa classe grammaticale.**

  pilote (N) → co / pilote (N)
  masquer (V) → dé / masquer (V)
  perméable (adj.) → im / perméable (adj.)

- Un même préfixe peut avoir **2 sens** :

re : en arrière *(retourner)* et à nouveau *(recommencer)*.

- **Le suffixe peut changer la classe grammaticale du mot et son sens.** Si le radical est :

un nom : + er → verbe : *plant / planter*
+ et, ette → nom : *maison / maisonnette*
+ ien → adjectif : *terre / terrien*

un adjectif : + é → nom : *beau / beauté*
+ et, ot → adjectif : *vieux / vieillot*
+ er, ir → verbe : *noir / noircir*

un verbe : + ment, age → nom : *décourager / découragement*
+ able, ible → adjectif : *regarder / regardable*
+ ailler, ller, eter → verbe : *tirer / tirailler*

Droites sécantes, perpendiculaires et parallèles

Lorsque deux droites sont	cela signifie qu'elles
sécantes	se coupent en un seul point appelé point d'intersection A. 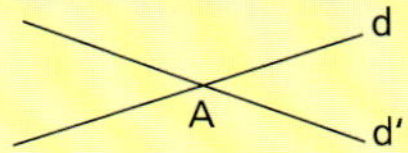 d et d' sécantes en A
perpendiculaires	se coupent en un seul point en formant un angle droit. 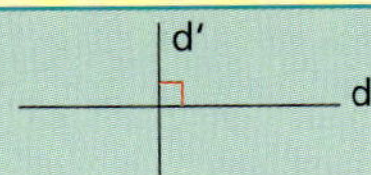 $d \perp d'$
parallèles	ne se coupent jamais. 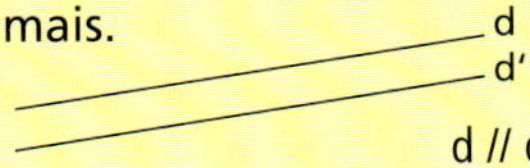 $d \mathbin{//} d'$

Si deux droites sont	alors	On le note
parallèles 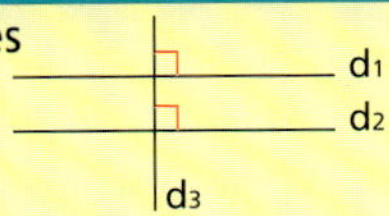	toute perpendiculaire à l'une est perpendiculaire à l'autre.	Si $d_1 \mathbin{//} d_2$ et $d_3 \perp d_1$ alors $d_3 \perp d_2$
perpendiculaires à une même 3ᵉ droite 	elles sont parallèles entre elles.	Si $d_1 \perp d_3$ et $d_2 \perp d_3$ alors $d_1 \mathbin{//} d_2$
parallèles à une 3ᵉ droite 	elles sont parallèles entre elles.	Si $d_1 \mathbin{//} d_3$ et $d_2 \mathbin{//} d_3$ alors $d_1 \mathbin{//} d_2$

Synonymes, antonymes, homonymes et paronymes

- Certains mots, tout en étant différents, ont un sens voisin.

Les mots qui ont un sens	sont des
équivalent ou **voisin**	**synonymes** *maison, demeure, appartement, domicile…*
contraire	**antonymes** *gentil, méchant ; riche, pauvre…*

- Attention au sens de la phrase quand tu utilises les synonymes :
  L'appartement d'Alfred est au 30e étage (possible).
  La maison d'Alfred est au 30e étage (impossible).

Certains mots ont une prononciation identique ou voisine, mais leur sens est différent.

Les mots qui ont une prononciation	sont des
identique	**homonymes** *Un ver de terre vert se dirige vers un verre.* *Un manche à balai, une manche de pull.*
voisine	**paronymes** *Alfred fait une allocution (un discours).* *Son élocution (sa façon de parler) est bizarre.*

REGARDE AUSSI
p.33 : L'étymologie

Les segments

Un segment est une portion de droite qui possède 2 points limites, appelés extrémités.

Le segment est noté **[AB]** ou **[BA]**.
Les crochets indiquent que A et B sont les **extrémités du segment.**
La longueur du segment [AB] est notée AB. Ici, AB = 3,6 cm.

Tout segment a une longueur, donc un milieu.
M est le milieu du segment [AB] si M est un point de [AB] et si AM = MB.

Ce codage (/) indique que les longueurs AM et MB sont égales.

Pour reporter une longueur sans la mesurer :
- place un compas, pointe et mine, sur chaque extrémité du segment à reporter (ici [EF]) ;
- sans en modifier l'écartement, place ensuite la pointe du compas en A et trace un arc de cercle. Il coupe la droite (xy) en un point B tel que **AB = EF**.

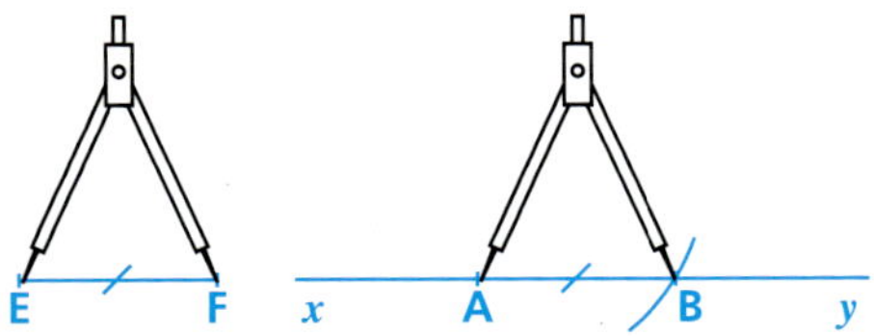

REGARDE AUSSI
p.193 : Droites et demi-droites

VOCABULAIRE

Les champs lexicaux

On appelle champ lexical l'ensemble des mots qui peuvent être regroupés autour d'une même idée.
Un champ lexical peut rassembler des mots de nature différente.

On peut repérer les **thèmes essentiels** d'un texte grâce aux champs lexicaux.
Les mots «frayeur», «cris», «sueurs froides»... appartiennent au champ lexical de la peur.

Certains champs lexicaux, comme les connecteurs de temps et de lieu, jouent un rôle précis dans le récit.

Les connecteurs	situent les faits, les personnages dans
de temps	- la chronologie : *d'abord, ensuite, enfin...* - l'ordre des événements : *tout à coup, subitement...* - le temps du récit : *le lendemain, la veille, hier...*
de lieu	- un cadre : *à l'arrière, au loin...* - l'espace : *à côté, au milieu, à droite...*

Droites et demi-droites

- Une droite est un ensemble infini de points alignés.
Par 2 points distincts A et B passe toujours une et une seule droite.

- Le point A **appartient** à la droite d. On note **A ∈ d**.
Le point E **n'appartient pas** à la droite d. On note **E ∉ d**.

Si A, B, C sont des points de la droite, tu peux alors rencontrer différentes notations pour cette même droite.
d = (AB) = (AC) = (CA) = (xy)

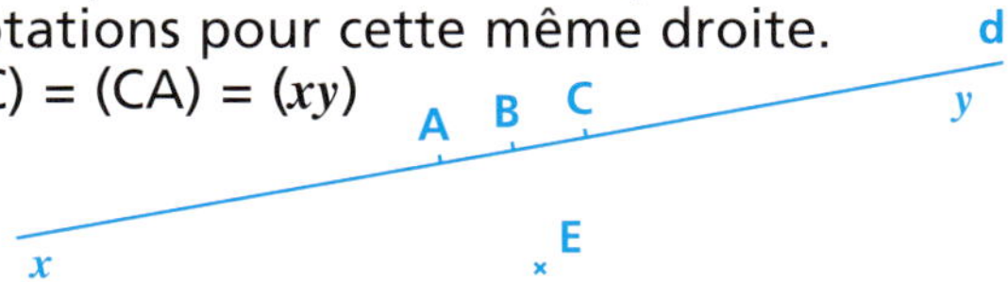

- Une demi-droite est une portion de droite possédant une limite appelée origine de la demi-droite.
La demi-droite d'origine A et qui passe par B est notée [AB).
Le **crochet** désigne le **point origine de la demi-droite**.

- **Attention, la demi-droite [AB) est différente de la demi-droite [BA).**

[AB) ou [Ax)
[BA) ou [By)

Une demi-droite et une droite n'ont ni longueur ni milieu.
Tu ne peux pas les mesurer.

REGARDE AUSSI
pp.194 à 196 : Droites et points

VOCABULAIRE

L'étymologie

L'étymologie est l'étude de l'origine des mots. Les mots français sont issus essentiellement du **latin** mais aussi du **grec**.

Origine	Exemples	
latine	agro- (champ) omni- (tout) + -vore (dévorer) -cide (qui tue)	agriculture (culture des champs) omnivore (qui mange de tout) insecticide (qui tue les insectes)
grecque	chrono- (temps) bio- (vie) + -logos (science) anthropo- (être humain) thermo- (chaleur)	chronométrer (mesurer le temps) biologie (science de la vie) anthropologie (étude de l'être humain) thermomètre (mesure de la température)

- Un même mot latin, par exemple *cantare (chanter)*, peut être à l'origine de deux mots français différents : *cantique* par formation savante et *chant* par formation populaire.

- Les éléments d'origine grecque ont été utilisés pour former des mots surtout dans les domaines scientifique et technique : *astrologie, géologie, périmètre, bibliothèque...*

REGARDE AUSSI
p.30 : La composition des mots

Diagrammes en barres et en bâtons

➡ Dans un diagramme en barres et en bâtons, **les hauteurs des barres et des bâtons sont proportionnelles aux grandeurs représentées.**

➡ ● Pour tracer ces diagrammes, tu dois :
- tracer un repère ;
- graduer régulièrement chaque axe ;
- mettre la légende au bout de chaque axe ;
- tracer les barres ou les bâtons.

● Un professeur a rangé les notes de sa classe selon le tableau suivant :

Note	5	6	7	8	9	10	11	12	14	15
Nombre d'élèves	1	1	1	2	3	6	4	4	2	1

Attention, gradue régulièrement les axes même si aucun élève n'a eu 13.

Diagramme en bâtons

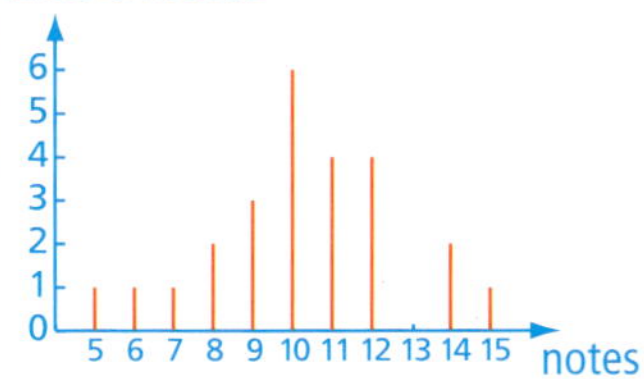

● Une enquête a été réalisée dans une entreprise concernant l'âge de ses employés.

Âge des employés	de 20 à 30 ans	de 30 à 40	de 40 à 50	de 50 à 60
Nombre d'employés	27	52	55	48

Diagramme en barres

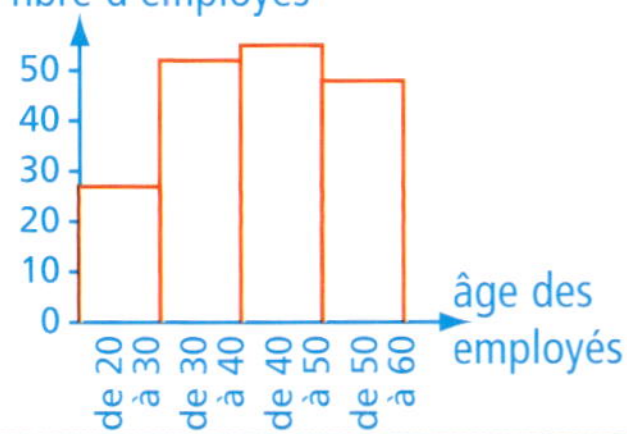

REGARDE AUSSI
p.189 : La proportionnalité
p.190 : Représentations graphiques
p.191 : Diagrammes circulaires et semi-circulaires

Les registres de langue

Chaque situation de communication correspond à un registre (ou niveau) de langue différent.
Ce registre dépend de la personnalité de l'émetteur et du récepteur.

Registre	Vocabulaire	Grammaire	Prononciation	Langue
Familier	relâché	peu respectée	incomplète, avalée	orale
	T'as pas dix balles ?			
Courant	habituel	respectée	normale	écrite et orale
	Avez-vous de la monnaie, s'il vous plaît ?			
Soutenu	recherché	respectée et recherchée	claire et distinguée	littéraire orale ou écrite
	Disposez-vous de quelques liquidités, cher monsieur ?			

- Pour tes rédactions, utilise le langage courant et n'utilise surtout pas le langage familier !

- Ne mélange pas les registres de langue sauf si tu veux être comique.

«Du fric !» exigea le banquier.

REGARDE AUSSI

p.8 : Les types et les formes de phrases
p.31 : Synonymes, antonymes, homonymes
p.44 : Repérer le message, l'émetteur, le récepteur

Diagrammes circulaires ou semi-circulaires

Dans un diagramme circulaire, **la somme de tous les angles des secteurs est égale à 360°**. Dans un diagramme semi-circulaire, **elle est égale à 180°**.

- Pour trouver l'angle correspondant à une couleur, utilise le coefficient de proportionnalité qui convient :
  - diagramme circulaire : 360 divisé par l'effectif total ;
  - diagramme semi-circulaire : 180 divisé par l'effectif total.

- Par exemple, Alfred et ses amis ont teint leurs cheveux de différentes couleurs.

Cheveux	vert	rose	bleu	jaune	orange	Total
Nombre d'amis	81	24	21	18	6	**150**
Diagramme circulaire	194,4°	57,6°	50,4°	43,2°	14,4°	**360°**
Diagramme semi-circulaire	97,2°	28,8°	25,2°	21,6°	7,2°	**180°**

$\times \frac{360}{150}$; $\times \frac{180}{150}$; $: 2$

Pour le dessin, trace un cercle ou un demi-cercle, puis arrondis à l'unité les angles (194,4° = 194 ou 97,2° = 97) et colorie chaque secteur d'une couleur différente.

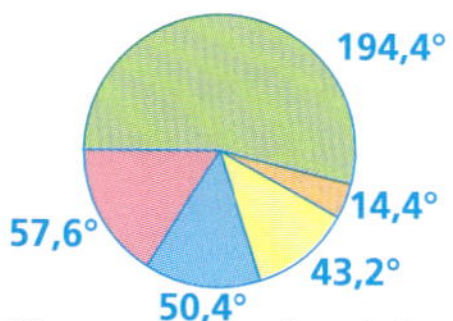

Diagramme circulaire

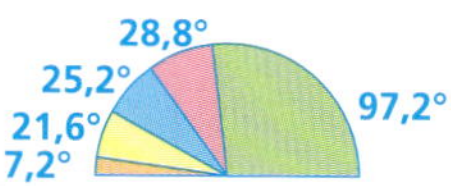

Diagramme semi-circulaire

REGARDE AUSSI
p.188 : Multiplier par $\frac{a}{b}$, pourcentages
p.189 : La proportionnalité
p.192 : Diagrammes en barres et en bâtons
p.197 : Les angles

Le verbe

Le verbe est le noyau de la phrase. Il exprime une action ou un état. Il est formé d'un radical et d'une terminaison.

Nous transpirons.

rad. terminaison

Le verbe varie selon :

son groupe	1er : infinitif en er 2e : infinitif en ir (issant au participe présent) 3e : infinitif en ir, re, oir (+ aller)
sa personne	1re, 2e, 3e du singulier ou du pluriel
son temps	**simple** : présent, imparfait, passé simple, futur **composé** : passé composé, plus-que-parfait, passé antérieur, futur antérieur
son mode	**personnel** : indicatif, conditionnel, subjonctif, impératif **impersonnel** : infinitif, participe, gérondif
sa voix	active passive (toujours avec être) pronominale

- Avoir et être sont utilisés comme **auxiliaires** pour les temps composés.
- On distingue les verbes **transitifs suivis d'un COD ou d'un COI** *(manger)* et les verbes **intransitifs jamais suivis d'un COD ou d'un COI** *(marcher)*.
- Les verbes d'état sont suivis d'un attribut du sujet. *Il devient vert.*

REGARDE AUSSI
p.18 : Les COD, COI et COS
pp.36 à 42 : Conjugaison

Représentations graphiques

● Un tableau comportant deux suites de nombres peut être représenté sur un graphique.
Ce graphique est constitué d'un repère formé de **deux demi-droites** :
- **perpendiculaires et graduées** ;
- **se coupant en un point O appelé origine du repère.**

● Chaque couple de valeurs du tableau qui se correspondent donne un point du graphique.
En reliant tous les points, on obtient une courbe qui représente l'évolution de la deuxième suite en fonction de la première.

Lorsque deux suites sont proportionnelles, le tracé est une portion de droite passant par l'origine du repère.

x	0	1	6	8
y	0	50	300	400
points	O	B	C	D

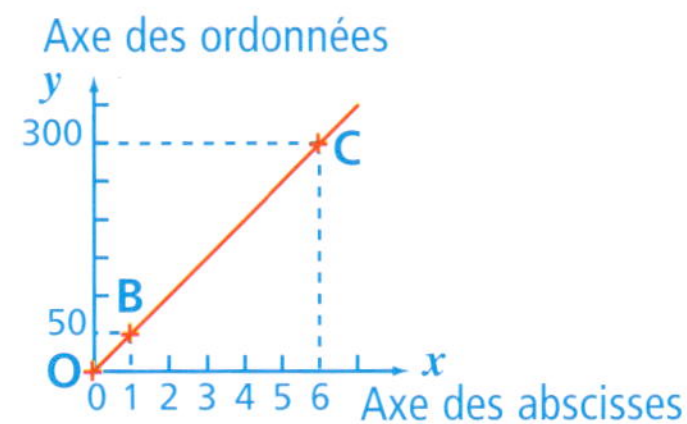

Si on obtient les graphiques suivants, il ne s'agit pas de proportionnalité.

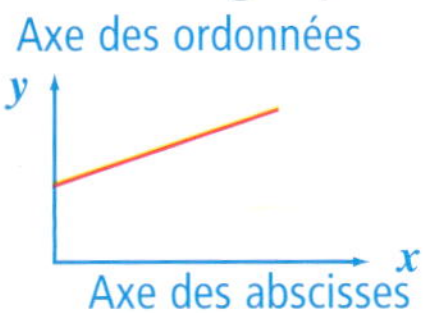

Portion de droite ne passant pas par l'origine.

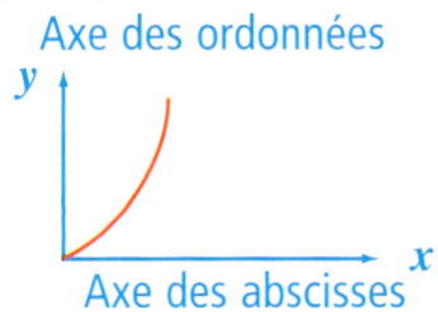

Passe par l'origine mais ce n'est pas une portion de droite.

REGARDE AUSSI
p.189 : La proportionnalité
p.191 : Diagrammes circulaires
p.192 : Diagrammes en barres et en bâtons

Le présent de l'indicatif

Le présent exprime :

- un fait actuel ;
- un passé ou un futur proches ;
- une vérité générale ;
- une habitude.

Les terminaisons du présent changent selon le groupe auquel appartient le verbe.

Personne	1er groupe	2e groupe	3e groupe
je	e	is	s
tu	es	is	s
il, elle	e	it	t, d
nous	ons	issons	ons
vous	ez	issez	ez
ils, elles	ent	issent	ent

Les verbes en	prennent
ayer	un y ou un i : *je paye* ou *je paie*
ger	un e après le g : *nous rangeons*
cer	une cédille devant le o : *nous commençons*
aître	un accent circonflexe sur le i devant le t : *il naît*
dre	conservent le d du radical : *il prend* (sauf *dissoudre, résoudre*…)
indre et soudre	perdent le d du radical mais suivent les terminaisons habituelles : *je joins*

● Attention ! Les verbes cueillir, offrir, ouvrir, tressaillir... suivent les terminaisons du 1er groupe.

REGARDE AUSSI
p.35 : Le verbe

La proportionnalité

● **Deux suites de nombres sont proportionnelles lorsque tous les nombres de la seconde suite s'obtiennent en multipliant les nombres de la première par un même facteur, appelé coefficient de proportionnalité.**

Suite 1	1	2	3	4	5	6
Suite 2	4	8	12	16	20	24

x 4

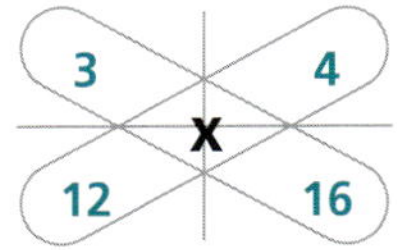

3 x 16 = 12 x 4 (= 48)
Si on extrait 2 colonnes d'un tableau de proportionnalité, il y a égalité des produits en diagonale.

● Ces deux suites sont proportionnelles car on passe de la suite 1 à la suite 2 en multipliant par 4.
4 est le coefficient de proportionnalité.

Le coefficient de proportionnalité permet de reproduire un dessin à l'échelle :

- s'il est **supérieur à 1**, c'est un **agrandissement** ;
- s'il est **inférieur à 1**, c'est une **réduction**.

Figure de base

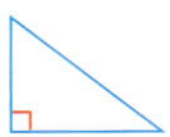

1 cm

Figure agrandie à l'échelle 2

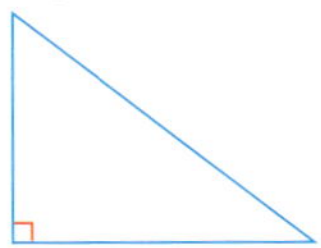

2 cm
On a multiplié les longueurs par 2.

Figure réduite à l'échelle $\frac{1}{2}$

0,5 cm
On a divisé les longueurs par 2.

REGARDE AUSSI
p.176 : La multiplication
p.179 : La division euclidienne
p.184 : La division avec des virgules

CONJUGAISON

Le futur simple

Le futur simple exprime des faits non réalisés qui vont avoir lieu dans un avenir plus ou moins proche.
Il peut aussi exprimer un ordre :

Tu mangeras proprement.

Les terminaisons du futur changent selon le groupe du verbe.

Personne	1er groupe	2e groupe	3e groupe
je	erai	irai	rai
tu	eras	iras	ras
il, elle	era	ira	ra
nous	erons	irons	rons
vous	erez	irez	rez
ils, elles	eront	iront	ront

Verbes en	Particularités
yer	le y devient i devant le e muet : *j'aboierai*
ier, éer, uer, ouer	n'oublie pas le e devant le r : *tu copieras*
eler, eter	- soit double la consonne : *tu appelleras, tu jetteras* - soit mets un accent grave : *il pèlera*

● Ne confonds pas la **1re personne du singulier du futur** *(je serai, je partirai)* avec celle du **conditionnel présent** *(je serais, je partirais)*.

REGARDE AUSSI
p.35 : Le verbe
p.41 : Le présent du conditionnel

Multiplier par $\frac{a}{b}$, pourcentages

Pour multiplier un nombre par la fraction $\frac{a}{b}$, effectue un calcul du type :

$x \times \frac{a}{b}$ ← numérateur entier ; ← dénominateur entier non nul

- Pour résoudre cette opération, tu disposes de trois méthodes.

Tu peux	en posant l'égalité	Exemples
multiplier x par a puis diviser le résultat obtenu par b	$x \times \frac{a}{b} = \frac{x \times a}{b}$	$12 \times \frac{3}{4} = \frac{12 \times 3}{4} = \frac{36}{4} = 9$
diviser x par b puis multiplier le résultat obtenu par a	$x \times \frac{a}{b} = \frac{x}{b} \times a$	$12 \times \frac{3}{4} = \frac{12}{4} \times 3 = 3 \times 3 = 9$
diviser a par b puis multiplier le résultat obtenu par x	$x \times \frac{a}{b} = \frac{a}{b} \times x$	$12 \times \frac{3}{4} = \frac{3}{4} \times 12 = 0{,}75 \times 12 = 9$

- Pour trouver le pourcentage a % d'un nombre, multiplie ce nombre par la fraction $\frac{a}{100}$.

15 % de 380 F = $380 \times \frac{15}{100}$ = (380 x 15) : 100 = 5700 : 100 = 57.

Donc 15 % de 380 F font 57 F.

REGARDE AUSSI
p.176 : La multiplication
p.179 : La division euclidienne
p.181 : Quotients et écritures fractionnaires
p.191 : Diagrammes circulaires ou semi-circulaires

L'imparfait et le passé simple

- L'imparfait et le passé simple sont les temps du récit dans le passé.

- L'imparfait est le temps de la description. Il présente :
  - des **actions en cours**, non limitées dans le temps ;
  - des **actions habituelles** ou répétées.

- Les **terminaisons** de l'imparfait sont les **mêmes pour les trois groupes**. Radical + ais, ais, ait, ions, iez, aient.

Le passé simple est le temps de l'action. Il exprime des faits qui ont eu lieu à un moment précis ou des actions successives.
Les terminaisons changent selon le groupe du verbe.

Personne	1er groupe	2e groupe	3e groupe	venir, tenir
je	ai	is	is / us	ins
tu	as	is	is / us	ins
il, elle	a	it	it / ut	int
nous	âmes	îmes	îmes / ûmes	înmes
vous	âtes	îtes	îtes / ûtes	întes
ils, elles	èrent	irent	irent / urent	inrent

Ne confonds pas la 1re **pers. du singulier de l'imparfait** *(je chantais)* avec celle du **passé simple** des verbes du 1er groupe *(je chantai)*.

REGARDE AUSSI
p.35 : Le verbe

Repérage des points d'un plan

Un repère du plan est formé de 2 droites perpendiculaires et graduées se coupant en un point O :

- O est l'origine du repère ;
- la droite graduée ($x'x$) horizontale est l'axe des abscisses ;
- la droite graduée ($y'y$) verticale est l'axe des ordonnées.

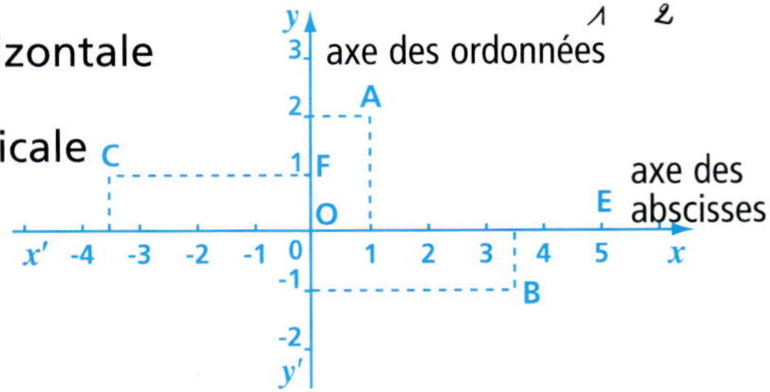

Chaque point du plan est repéré par **deux nombres relatifs** appelés **coordonnées du point**. Le 1er nombre est toujours l'abscisse, le 2e nombre est toujours l'ordonnée.
Ici, le point A a pour abscisse 1 et pour ordonnée 2. On note A (1 ; 2).
De même, on repère le point B par ses coordonnées : B (3,5 ; -1).
L'origine du repère a pour coordonnées (0 ; 0).

Attention, ne confonds pas les points associés aux coordonnées :
B (3,5 ; -1) et C (-3,5 ; 1).
Tous les points situés sur l'axe des abscisses ont pour ordonnée 0.
E (5 ; 0).
Tous les points situés sur l'axe des ordonnées ont pour abscisse 0. F (0 ; 1).

REGARDE AUSSI
p.186 : Les nombres relatifs

Les temps composés

- **Les temps composés expriment des actions achevées qui se sont passées avant celles des temps simples.**

- Ils se forment avec les auxiliaires avoir ou être + le participe passé du verbe.

Alfred a mangé des épinards et il est devenu vert.

- À chaque temps simple de l'indicatif correspond un temps composé.

Temps simples		imparfait passé simple		présent		futur
Temps composés	plus-que-parfait passé antérieur		passé composé		futur antérieur	

	indique une antériorité par rapport
Le passé composé	au présent. *Quand il a fini, Alfred part.*
Le plus-que-parfait	à l'imparfait. *Quand il avait fini, Alfred partait.*
Le passé antérieur	au passé simple. *Quand il eut fini, Alfred partit.*
Le futur antérieur	au futur. *Quand il aura fini, Alfred partira.*

REGARDE AUSSI
p.24 : L'accord du participe passé
p.35 : Le verbe
pp.36 à 38 : Conjugaison
pp.53 et 54 : Être et avoir

Les nombres relatifs

Les nombres relatifs	sont notés	ils sont
positifs	avec le signe + ou sans signe	plus grands que 0 +96,13 ; +19 ; 8,72 ; 17
négatifs	avec le signe -	plus petits que 0 -27,2 ; -1 ; -3,5

- 0 est à la fois positif et négatif : 0 = +0 = -0

Tous ces nombres constituent l'ensemble des nombres décimaux relatifs.

- Les nombres décimaux relatifs peuvent être rangés sur une droite graduée ayant pour origine le point A et pour unité le centimètre.

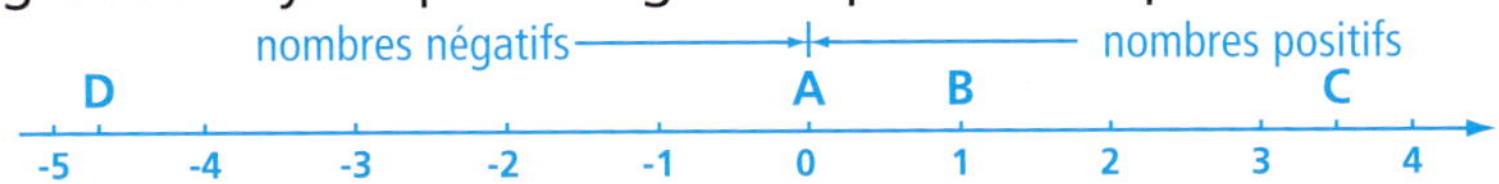

- Chaque point est repéré par un nombre décimal relatif appelé abscisse. Le point A a pour abscisse 0, on note A(0). De même, on note B(1), C(3,5), D(-4,7).

- Un nombre **positif** est **toujours supérieur** à un nombre **négatif**.

- Tu obtiens l'opposé d'un nombre **en changeant** uniquement **son signe** : -8 et +8 ; -7,9 et +7,9.

- Sur une droite graduée, le nombre **le plus grand** se trouve toujours **le plus à droite** (ou en haut) et **le plus petit le plus à gauche** (ou en bas).

REGARDE AUSSI
p.187 : Repérage des points d'un plan

L'impératif présent

● Au mode impératif, le verbe se conjugue sans pronom personnel sujet.
Il s'emploie au présent et ne compte que 3 personnes :
la 2e personne du singulier et les 1re et 2e du pluriel.

● L'impératif exprime :
- un ordre : *Peins mon portrait, maintenant !*
- une interdiction : *Ne mélange pas les couleurs !*
- un conseil : *Utilise plutôt du rose.*
- un souhait : *Pensons à sa mèche.*
- une prière : *Aidez-le !*
- un encouragement : *Allons-y !*

L'impératif se forme à partir du **radical du présent de l'indicatif** auquel on ajoute les terminaisons suivantes :

Personne	1er groupe	2e groupe	3e groupe
2e du sing.	e (sans s)	is	s
1re du plur.	ons	issons	ons
2e du plur.	ez	issez	ez

Pour distinguer le **présent de l'impératif** du **présent de l'indicatif** à la **2e personne du singulier**, vérifie que tu peux utiliser s'il te plaît devant le verbe.

(S'il te plaît) peins mon portrait !

REGARDE AUSSI
p.35 : Le verbe
p.36 : Le présent de l'indicatif

Petits problèmes : sens des opérations

Pour résoudre un problème, tu dois :
- lire plusieurs fois l'énoncé ;
- déduire les opérations successives et les effectuer dans l'ordre ;
- valider ta solution par une phrase récapitulative.

L'opération	permet de trouver
addition	une somme
soustraction	une différence
multiplication	un produit
division	un quotient, un reste

Tu peux	des éléments
additionner et soustraire	identiques : 20 plumeaux + 15 plumeaux = 35 plumeaux
multiplier et diviser	différents : 20 saucissons x 20 kg = 400 kg de saucissons

Problème	Résolution
25 pieuvres partent en voyage. Le voyage en ventouse coûte 1 800 F et la visite des grottes gluantes 9 F par pieuvre.	25 x 9 = 225 La visite des grottes coûte 225 F. 1 800 + 225 = 2 025 Le voyage coûte 2025 F.
Le roi des mollusques leur offre 1 000 F.	2 025 - 1 000 = 1 025 Il reste 1 025 F à payer.
Combien devra payer chaque pieuvre ?	1 025 : 25 = 41 Chaque pieuvre devra payer 41 F.

Le présent du conditionnel

Le conditionnel est le mode de la supposition. Il exprime une action ou un état dont la réalisation est :

- conditionnelle : *S'il faisait beau, nous sortirions.*
- incertaine et imaginaire : *Tu serais un magicien.*
- une formule de politesse : *Pourriez-vous me transformer en grenouille ?*

Le conditionnel présent est formé à partir du **radical du futur** auquel on ajoute les **terminaisons de l'imparfait**. Par exemple :

Verbe	Radical du futur	Terminaisons de l'imparfait	Conditionnel présent
changer	changer-	ais	je changerais
perdre	perdr-	ais	tu perdrais
savoir	saur-	ait	il saurait
faire	fer-	ions	nous ferions
pouvoir	pourr-	iez	vous pourriez
jouer	jouer-	aient	ils joueraient

Pour ne pas confondre le **conditionnel présent** et le **futur** à la **1re personne du singulier**, vérifie que tu peux utiliser si + vouloir à l'imparfait :

(Si je le voulais) je serais le meilleur.

REGARDE AUSSI
p.35 : Le verbe
p.37 : Le futur simple

Division avec des virgules

- **Si la division tombe juste, le quotient est un nombre décimal.**

- **Si la division ne tombe pas juste** (il y a une infinité de chiffres après la virgule), **le quotient n'est pas un nombre décimal**.
Tu peux cependant encadrer par approximation décimale ton résultat.

$$10 : 3 = \frac{10}{3} = 3{,}333\ldots \quad 3{,}33 < \frac{10}{3} < 3{,}34 \text{ donc } \frac{10}{3} \simeq 3{,}33$$

- Attention, toutes les **divisions** doivent être posées avec un **diviseur entier**.
Si ce n'est pas le cas, multiplie le dividende et le diviseur par une même puissance de 10 afin que le diviseur redevienne entier.

$$11{,}37 : 0{,}15 = (11{,}37 \times 100) : (0{,}15 \times 100) = 1137 : 15$$

- **Quand il y a un reste, continue la division en abaissant un zéro à droite du reste et en plaçant la virgule au quotient.**

```
  1 1 3 7    | 1 5
- 1 0 5      |------
      8 7    | 7 5,8
    - 7 5    |
    1 2 0    |
  - 1 2 0    |
        0    |
```

REGARDE AUSSI
p.173 : Comparaison
p.174 : Approximation décimale d'un nombre
p.179 : La division euclidienne
p.183 : Quotients : simplification et transformation

Le présent du subjonctif

- Le mode subjonctif exprime :
  - une action dont la réalisation reste incertaine : *J'aimerais que tu viennes.*
  - un ordre ou une défense : *Qu'il ne fasse pas de bêtises !*
  - un souhait ou un regret : *Pourvu qu'il neige !*

- Les verbes au subjonctif sont introduits par **que** et se trouvent dans des propositions :
  - subordonnées conjonctives complétives : *Il faut **que** tu sois là.*
  - indépendantes : ***Que** la fête soit belle !*

- Le présent du subjonctif se forme généralement à partir du **radical du présent** de l'indicatif auquel on ajoute **des terminaisons identiques pour les 3 groupes** : e, es, e, ions, iez, ent.

  Que j'aime, que nous voyions, que vous chantiez…

- Cependant, attention aux exceptions : *que je **finisse**, que nous **fassions**, que vous **buviez**…*

Pour bien conjuguer un verbe au subjonctif, fais-le précéder de : **il faut que.**

(Il faut qu') Alfred sache danser !

REGARDE AUSSI
p.35 : Le verbe
p.36 : Le présent de l'indicatif

Quotients : simplification et transformation

Le quotient d'une fraction ne change pas quand on multiplie ou quand on divise le numérateur et le dénominateur par un même nombre non nul.

Comme $\frac{5}{2} = 2,5$ et $\frac{5 \times 4}{2 \times 4} = \frac{20}{8} = 2,5$ alors $\frac{5}{2} = \frac{5 \times 4}{2 \times 4} = \frac{20}{8} = 2,5$

Simplifier une fraction, c'est chercher une fraction égale avec un dénominateur et un numérateur plus petits.
Pour cela, utilise les critères de divisibilité puis divise le numérateur et le dénominateur par le même nombre.

117 et 153 sont divisibles par 9 donc $\frac{117}{153} = \frac{117 : 9}{153 : 9} = \frac{13}{17}$

On ne peut pas simplifier davantage car 13 et 17 ne peuvent plus être divisés par un même nombre.
La fraction $\frac{13}{17}$ est dite **«irréductible»**.

Transformer l'écriture fractionnaire de 2 nombres décimaux en fraction, **c'est multiplier le numérateur et le dénominateur par une même puissance de 10 pour les transformer en nombres entiers.**

$$\frac{23,1}{38,54} = \frac{23,1 \times 100}{38,54 \times 100} = \frac{2310}{3854}$$

REGARDE AUSSI
p.180 : Critères de divisibilité
p.181 : Quotients et écritures fractionnaires

TEXTE **Les différents types de textes**

Les différents types de textes

Un discours permet de transmettre des informations d'un émetteur (celui qui parle, qui écrit) à un récepteur (celui qui écoute, qui lit).

Le discours	est utilisé pour	Caractéristiques
narratif	raconter une histoire. *Un jour, l'oignon prit ses pelures et s'enfuit de la cuisine.*	- action qui progresse - verbes d'action au présent ou au passé simple
descriptif	décrire un lieu, un objet, un personnage ou un animal. *Il était blanc, il était beau, il sentait bon le poireau.*	- verbes au présent ou à l'imparfait - C. C. de lieu - comparaisons - adjectifs qualificatifs
explicatif	expliquer, donner des informations. *L'oignon est une plante potagère de la famille des liliacées.*	- vocabulaire spécialisé - verbes au présent
argumentatif	convaincre, persuader à l'aide d'arguments et d'exemples. *Vous devez manger de l'oignon car c'est très bon pour la santé.*	- mots de liaison : donc, car, comme, aussi, pourtant, parce que... - ordre rigoureux

REGARDE AUSSI
p.44 : Repérer le message, l'émetteur, le récepteur

Addition, soustraction et multiplication de fractions décimales

- **Pour additionner ou soustraire deux fractions décimales de même dénominateur,** additionne ou soustrais les deux numérateurs en gardant le dénominateur commun.

$$\frac{3}{10} + \frac{8}{10} = \frac{3+8}{10} = \frac{11}{10}$$

$$0,3 + 0,8 = 1,1$$

- Attention, il ne faut surtout pas additionner les dénominateurs.

$$\frac{3}{10} + \frac{8}{10} \neq \frac{11}{20}$$

Pour additionner ou soustraire deux fractions décimales de dénominateurs différents, commence par rendre ces derniers identiques avant d'appliquer la règle précédente.

$$\frac{3}{10} - \frac{8}{100} = \frac{3 \times 10}{10 \times 10} - \frac{8}{100} = \frac{30}{100} - \frac{8}{100} = \frac{22}{100}$$

$$0,3 - 0,08 = 0,22$$

Pour multiplier deux fractions décimales, multiplie les deux numérateurs et les deux dénominateurs entre eux.

$$\frac{3}{10} \times \frac{8}{100} = \frac{3 \times 8}{10 \times 100} = \frac{24}{1\,000}$$

$$0,3 \times 0,08 = 0,024$$

REGARDE AUSSI
p.181 : Quotients et écritures fractionnaires
p.183 : Quotients : simplification et transformation

TEXTE

Repérer le message, l'émetteur, le récepteur

Communiquer, c'est être en relation avec quelqu'un pour échanger des informations.
La communication s'établit entre deux ou plusieurs personnes.
Pour communiquer, il faut :
- un message ;
- un émetteur (qui envoie le message) ;
- un récepteur (qui reçoit le message).

Pour trouver	observe	en posant les questions
l'émetteur	qui adresse le message	qui parle ? qui écrit ?
le récepteur	à qui est adressé le message	à qui parle-t-on ? à qui écrit-on ?
le message	- quel est le type de texte - quel est son contenu	- par quel moyen ? - à quel sujet ?
le but du message	les circonstances du message	où ? quand ? comment ?

Il existe plusieurs codes de communication :

Si on communique par	on utilise
gestes	le langage des signes
sons	la langue orale
écrit	l'écriture, les dessins, les symboles

REGARDE AUSSI
p.34 : Les registres de langue
p.43 : Les différents types de textes

Quotients et écritures fractionnaires

- Le quotient de la division du nombre a par le nombre b non nul est noté :
  - **a : b** (et se lit «a divisé par b») ;
  - ou $\mathbf{\frac{a}{b}}$ (et se lit «a sur b»).

- Le quotient $\frac{a}{b}$ est le nombre que l'on obtient en résolvant l'équation **b x x = a.**

Ainsi $\frac{a}{b}$ est le nombre qu'il faut multiplier par b pour obtenir a.

$\frac{a}{b} \times b = a$ $\frac{2}{4} \times 4 = 2$

- $\frac{a}{b}$ est l'écriture fractionnaire du quotient a par b.

a est le **numérateur** et b le **dénominateur**.

- Si **a et b** sont des **nombres entiers**, alors $\mathbf{\frac{a}{b}}$ est une **fraction**.

- Si **b** est une **puissance de** 10 (10, 100, 1 000…), alors $\mathbf{\frac{a}{b}}$ est une **fraction décimale**.

Une écriture fractionnaire ne représente pas forcément un nombre décimal. $\frac{2}{3}$ = 0,6666… n'est **pas un nombre décimal** car il y a une infinité de 6 derrière la virgule.

REGARDE AUSSI
p.172 : Écriture décimale
p.178 : Initiation aux équations
p.184 : Division avec des virgules

MÉTHODE

Faire une rédaction

Pour réussir une rédaction, tu dois suivre une méthode de travail efficace.

1) Lis bien l'énoncé du sujet et repère les **mots-clés**.
2) Choisis ton **narrateur** (qui va raconter ?).
3) Choisis le **temps de la narration** (présent, imparfait, passé simple).
4) **Cherche tes idées au brouillon** et classe-les dans un ordre logique en faisant un plan.
5) **Rédige ton brouillon** en développant tes idées autour d'un **plan en trois parties** : introduction, développement, conclusion.

Pour rédiger	réponds aux questions	Nombre de lignes
l'introduction	qui ? quand ? où ?	5 à 10
le développement	quoi ? comment ? quelles actions ?	20 à 30
la conclusion	comment cela finit-il ?	5 à 10

6) **Relis ton brouillon** en vérifiant l'orthographe, la ponctuation et les majuscules. Tes phrases doivent être courtes et bien construites avec un verbe principal.
7) **Recopie au propre** en soignant la présentation. Fais ressortir l'introduction et la conclusion en sautant des lignes. Écris lisiblement.
8) **Relis une dernière fois**.

REGARDE AUSSI
p.34 : Les registres de langue
p.46 : Autoévaluation d'une rédaction

Critères de divisibilité

Si le reste de la division euclidienne d'un entier a par un entier b non nul est égal à 0, on dit que :

- **a est divisible par b** ;
- **a est un multiple de b** ;
- **b est un diviseur de a.**

a	b
0	q

63	7
0	9

63 est divisible par 7
63 est un multiple de 7
7 est un diviseur de 63

Un nombre est divisible par	si	Exemples
2	il se termine par 0, 2, 4, 6, 8 qui sont les chiffres pairs.	34, 72, 106
5	il se termine par 0 ou 5.	25, 70
10	il se termine par 0.	50, 140
3	la somme de ses chiffres est divisible par 3.	183, (1+ 8 + 3 = 12, 12 : 3 = 4)
9	la somme de ses chiffres est divisible par 9.	648, (6 + 4 + 8 = 18, 18 : 9 = 2)

- **Un nombre premier** est un nombre qui a pour diviseur seulement 1 et lui-même : 3, 5, 7, 11, 13, 17…

- Un nombre est divisible par 100, 1 000… s'il se termine, respectivement, par deux ou trois zéros…

REGARDE AUSSI
p.179 : La division euclidienne

MÉTHODE

Autoévaluation d'une rédaction

Lorsque tu as terminé ta rédaction, vérifie que tu as bien respecté chaque point de cette liste.

Présentation et expression :

1) J'ai écrit lisiblement.
2) Mon devoir est composé de trois parties principales (**introduction, développement, conclusion**) entre lesquelles j'ai sauté des lignes.
3) J'ai construit **plusieurs paragraphes** commençant par un alinéa.
4) Mes phrases sont **courtes**, bien construites, avec un **verbe principal**.
5) Mes idées sont **logiques** et bien reliées entre elles.
6) Je n'ai pas fait de répétitions.
7) J'ai employé la personne et les temps indiqués dans les consignes.
8) Je n'ai pas changé de temps sans raison au cours de la rédaction.
9) J'ai vérifié les **conjugaisons** et les **différents accords**.
10) J'ai contrôlé dans le dictionnaire l'**orthographe** de certains mots.
11) J'ai utilisé la **ponctuation** et pensé aux **majuscules**.

Contenu :

12) Je réponds bien à toutes les questions posées dans le sujet.
13) J'ai utilisé un **vocabulaire précis** et varié.
14) J'ai bien développé mes idées.
15) J'intéresse mon lecteur.

REGARDE AUSSI
p.45 : Faire une rédaction

La division euclidienne

● **Effectuer une division euclidienne, c'est diviser un nombre a par un nombre b, trouver le quotient q et le reste r.**
Les nombres a, b, q et r sont des entiers.

le dividende →	a	b	← le diviseur
le reste →	r	q	← le quotient

3 2 1	1 6
1	2 0

● **Le reste est toujours inférieur au diviseur.**
321 = (16 x 20) + 1 et 1 < 16

● **Pour effectuer la division de deux nombres entiers** :
- **compare le dividende et le diviseur** ;
- si les deux premiers chiffres du dividende sont supérieurs au diviseur, commence ta division ;
- si les deux premiers chiffres du dividende sont inférieurs au diviseur, prends en compte les trois premiers chiffres.

Par exemple 179 : 12
Dans 17, combien de fois 12 ?
1 fois. 1 x 12 = 12.
12 ôté de 17, il reste 5.
J'abaisse le 9.
Dans 59, combien de fois 12 ?
4 fois. 4 x 12 = 48.
48 ôté de 59, il reste 11.

1 7 9	1 2
– 1 2	
——	1 4
5 9	
– 4 8	
——	
1 1	

REGARDE AUSSI
p.176 : Multiplication

MÉTHODE

Rédiger une fiche de lecture

Une fiche de lecture permet de présenter un livre que tu as lu et de donner ton avis à son propos.

Pour rédiger une fiche de lecture, tu dois parler de :

	À noter
L'auteur	Nom - prénom Biographie (quelques mots sur sa vie, dates importantes…) Bibliographie (ses œuvres les plus célèbres)
L'ouvrage	Titre Genre littéraire (roman, conte, aventures, policier, fantastique...) Lieu et moment de l'histoire Présentation rapide des personnages principaux Bref résumé
Les découvertes que tu as faites	Thèmes principaux (le courage, l'amour, la guerre...) Vocabulaire nouveau
Ton appréciation personnelle	Jugement sur le livre (intéressant, instructif...) Éventuelles critiques (positives ou négatives)
Un morceau choisi	Sélection d'un passage intéressant, lu à l'oral ou recopié à l'écrit

- Pour t'aider, prends des notes au cours de ta lecture.
- Si ta fiche de lecture doit être lue en classe, ne raconte pas la fin de l'histoire !

REGARDE AUSSI
p.48 : Rédiger un résumé

Initiation aux équations

- Une équation est une égalité dans laquelle un des nombres manque. Ce nombre cherché est appelé l'inconnue et souvent noté x. Résoudre cette équation, **c'est trouver la valeur de x pour laquelle l'égalité est vérifiée.**

Pour résoudre une équation du type	trouve	en effectuant
a + x = **b** 4,8 + x = 7,9	le nombre x qu'il faut ajouter à **a** pour obtenir **b**	la soustraction **b - a** x = 7,9 - 4,8 = 3,1
a - x = **b** 16,6 - x = 10,4	le nombre x qu'il faut retrancher de **a** pour obtenir **b**	la soustraction **a - b** x = 16,6 - 10,4 = 6,2
a x x = **b** 4 x x = 44	le nombre x qu'il faut multiplier par **a** pour obtenir **b**	la division **b : a** x = 44 : 4 = 11

Pense à toujours vérifier ton résultat en remplaçant x par la valeur trouvée.
Ici 4,8 + 3,1 est bien égal à 7,9 ;
16,6 – 6,2 = 10,4 ;
4 x 11 = 44.

REGARDE AUSSI
p.175 : Addition et soustraction
p.179 : la division euclidienne

MÉTHODE

Rédiger un résumé

Un résumé est un texte court qui permet en quelques lignes de raconter le contenu d'un autre texte, plus long et plus complexe.
On peut ainsi résumer une page de livre, une pièce de théâtre ou un roman.

Voici quelques conseils pour réussir un résumé.

- Repérage :
  - Lis attentivement le texte pour bien le comprendre.
  - Repère les **éléments essentiels** : indices de temps, de lieu, personnages, circonstances de l'action...
  - Note les **moments-clés** et comment se termine l'histoire.

- Écriture :
  - Rédige une première phrase qui présente la situation de départ.
  - Raconte les différentes actions du récit, sans entrer dans les détails.
  - Conclus par une phrase simple.

- Vérification :
  Pose-toi la question : **peut-on comprendre l'histoire en lisant seulement ce résumé ?**

Pour t'aider, prends des notes au fil de ta lecture.

Calculs : priorités et parenthèses

Une expression numérique est un calcul en ligne comportant plusieurs opérations à effectuer.

500 - **(**(5 x 4) + 3 + (20 : 4)**)**

- Si l'expression n'a **pas de parenthèses** mais contient uniquement des + et des -, **effectue les calculs de gauche à droite**.

A = 27 - 2 + 16,7
A = 25 + 16,7
A = 41,7

- Si l'expression a des parenthèses, **commence toujours par effectuer les calculs entre parenthèses**. Si plusieurs parenthèses sont emboîtées, commence alors par les plus intérieures.

B = 15 + (3,2 + (6 x 9))
B = 15 + (3,2 + 54)
B = 15 + 57,2
B = 72,2

Attention ! **La place des parenthèses est très importante**.
Un calcul peut changer selon leur place.

C = (35 - 9) x 3 = 26 x 3 = 78
D = 35 - (9 x 3) = 35 - 27 = 8

REGARDE AUSSI
p.175 : Addition et soustraction
p.176 : Multiplication

MÉTHODE

Étudier un texte de theatre

Il existe différentes sortes de pièces de théâtre :

	est une pièce
La farce	amusante, burlesque.
La comédie	divertissante, exposant le ridicule humain.
La tragédie	sérieuse, écrite en vers, présentant des personnages au destin tragique.

Voici quelques mots à connaître pour étudier une pièce de théâtre :

Acte : principale division d'une pièce. Chaque changement d'acte correspond à une évolution de l'action.
Scène : division d'un acte qui débute et finit chaque fois qu'un personnage entre ou sort. Elle est marquée par un chiffre arabe.
Dialogue : conversation entre deux ou plusieurs personnages.
Répliques : paroles prononcées par les personnages qui se répondent.
Tirade : longue réplique d'un personnage.
Monologue : passage où un personnage seul sur scène se parle à lui-même.
Aparté : réplique dite à part et que seul le public est censé entendre.
Didascalies : indications de mise en scène (décor, gestes, intonations), en italique ou entre parenthèses, fournies par l'auteur.

Multiplication

- Faire une **multiplication**, c'est trouver **le produit de deux nombres décimaux appelés facteurs**.

- Pour la **multiplication**, tu peux **changer l'ordre des facteurs sans modifier le résultat**. Tu peux donc les regrouper pour faciliter le calcul :
4 x 0,9 x 25 x 5 = (0,9 x 5) x (4 x 25) = 4,5 x 100 = 450

- Pour multiplier 2 nombres décimaux :
  - ne t'occupe pas de la virgule ;
  - place ensuite la virgule au résultat, après avoir additionné le nombre de chiffres après la virgule des 2 facteurs.

```
    1 4, 3 7  ← 2 chiffres
x        6, 2  ← 1 chiffre
--------------
    2 8 7 4
  8 6 2 2 .
--------------
  8 9, 0 9 4  ← 3 chiffres
```

Pour multiplier par	on décale la virgule vers	et, si nécessaire, on ajoute des 0
10 ; 100 ; 1000	la droite de 1, 2, 3 rangs 6,24 x 10 = 62,4	à droite 3,8 x 1 000 = 3 800
0,1 ; 0,01 ; 0,001	la gauche de 1, 2, 3 rangs 26 x 0,1 = 2,6	à gauche 26 x 0,001 = 0,026

- **Quand on multiplie par un nombre décimal inférieur à 1, le résultat est inférieur au nombre initial** :
2,2 x 0,99 = 2,178 et 2,178 < 2,2.

REGARDE AUSSI
p.172 : Écriture décimale

MÉTHODE

Préparer l'oral

Quel que soit le type d'exercice oral que tu dois faire, il faut **respecter certaines règles**.

Type d'exercice	Préparation	Au moment de l'oral
L'exposé	- Comprends bien ton sujet. - Lis des documents et prends des notes. - Fais un plan précis. - Prépare tes fiches. - Répète l'exposé à la maison (il ne doit pas durer plus de 10 à 15 minutes).	- Annonce le sujet. - Présente ton plan (sans le lire). - Commente, explique avec des mots simples. - Écris les mots difficiles au tableau. - Présente des photos, croquis…
Le débat	- Cerne bien le thème. - Cherche des questions à poser. - Prévois une introduction et une conclusion.	- Présente le sujet. - Lance le débat par une idée générale. - Écoute, propose d'autres questions. - Conclus.
La récitation	- Lis attentivement ton texte. - Cherche les mots difficiles. - Apprends-le parfaitement. - Récite-le plusieurs fois à voix haute.	- Donne le titre du texte. - Parle d'une voix claire et assez forte. - Articule. - Mets l'intonation. - Prends un bon rythme. - Cite le nom de l'auteur.

Addition et soustraction

- Faire une addition, c'est trouver **la somme** de plusieurs nombres décimaux.

- Faire une soustraction, c'est trouver **la différence** entre 2 nombres décimaux.
Les nombres ajoutés ou soustraits sont les **termes.**

- Pour l'addition, tu peux changer l'ordre des termes sans modifier le résultat. Cela permet de les regrouper pour faciliter le calcul.
$12{,}7 + 75 + 37{,}3 + 25 = (12{,}7 + 37{,}3) + (75 + 25) = 50 + 100 = 150$

- Pour la soustraction, tu ne peux pas changer l'ordre des termes.
$17 - 5 \neq 5 - 17$

Quand tu poses une addition ou une soustraction, pense à :
- **aligner les virgules sous les virgules,** les unités sous les unités, les dixièmes sous les dixièmes... ;
- compléter par des 0 les nombres décimaux pour qu'ils aient le même nombre de chiffres après la virgule ;
- **compter les retenues** ;
- **placer la virgule au résultat**.

$$\begin{array}{rr} & \overset{1}{2}7{,}60 \\ + & 19{,}00 \\ + & 0{,}38 \\ \hline & 46{,}98 \end{array}$$

REGARDE AUSSI
p.172 : Écriture décimale
p.173 : Comparaison

MATHÉMATIQUES

Les déterminants

Articles	définis	définis contractés	indéfinis	partitifs
Singulier	le, la, l'	au, du	un, une	du, de l', de la
Pluriel	les	aux, des	des	des

Adjectifs	possessifs	démonstratifs	interrogatifs-exclamatifs
Singulier	mon, ton, son, ma, ta, sa notre, votre, leur	ce, cet, cette tout	quel, quelle
Pluriel	mes, tes, ses, nos, vos, leurs	ces	quels, quelles

Adjectifs indéfinis :

Varient en genre mais toujours au singulier*	varient en genre et en nombre	varient en genre mais toujours au pluriel
chacun(e), aucun(e) nul(le), pas un(e) * Sauf devant les noms qui n'ont pas de singulier.	quelque(s), certain(e)s maint(e)s, même(s) autre(s), tel(s), telle(s) tout (tous), toute(s)	plusieurs divers(e)s différent(e)s

Adjectifs numéraux ordinaux :
Premier, deuxième/second, troisième…

Adjectifs numéraux cardinaux :
Un, deux, trois... mille sont invariables. Vingt et cent s'accordent s'ils sont multipliés par un nombre et non suivis d'un autre : *quatre-vingts ; trois cents*.

Approximation décimale d'un nombre, troncature, arrondi

- On utilise les **approximations décimales** pour :
  - vérifier un calcul ;
  - encadrer un nombre en trouvant les nombres qui viennent avant et après.

Le plus petit des deux est une approximation **par défaut**.
Le plus grand est une approximation **par excès**.

- Par exemple : 19,746.

Approximation	par défaut	par excès
à l'unité près	19	20
au dixième près	19,7	19,8
au centième près	19,74	19,75

- La **troncature à l'unité** d'un nombre décimal est sa **partie entière**.

17 est la troncature de 17,38.

- **L'arrondi à l'unité** d'un nombre est l'entier qui lui est **le plus proche**.

Si le chiffre qui suit la virgule est	l'arrondi à l'unité est égal à la
< 5 ex. 6,3	partie entière 6
> 5 ex. 6,8	partie entière + 1 7
= 5 ex. 6,5	partie entière + 1 7

REGARDE AUSSI
p.172 : Écriture décimale
p.173 : Comparaison

Les pronoms

Pronoms personnels	Singulier 1re pers.	2e pers.	3e pers.	Pluriel 1re pers.	2e pers.	3e pers.
Sujet	je	tu	il, elle, on	nous	vous	ils, elles
COD	me	te	le, la	nous	vous	les
COI	me	te	lui, en, y	nous	vous	leur, en, y
Forme réfléchie	me	te	se	nous	vous	se
Forme accentuée	moi	toi	soi	nous	vous	eux

Pronoms démonstratifs	Singulier	Pluriel
Masculin	celui, celui-ci, celui-là	ceux, ceux-ci, ceux-là
Féminin	celle, celle-ci, celle-là	celles, celles-ci, celles-là
Neutre	ce (c'), ceci, cela, ça	

Pronoms relatifs	Singulier	Pluriel
Masculin	lequel, auquel, duquel	lesquels, auxquels, desquels
Féminin	laquelle, à laquelle, de laquelle	lesquelles, auxquelles, desquelles
Invariables	qui, que, quoi, dont, où	

Pronoms possessifs	Singulier 1re pers.	2e pers.	3e pers.	Pluriel 1re pers.	2e pers.	3e pers.
Masc. sing.	le mien	le tien	le sien	le nôtre	le vôtre	le leur
Fém. sing.	la mienne	la tienne	la sienne	la nôtre	la vôtre	la leur
Masc. plur.	les miens	les tiens	les siens	les nôtres	les vôtres	les leurs
Fém. plur.	les miennes	les tiennes	les siennes	les nôtres	les vôtres	les leurs

Pronoms indéfinis : personne, rien, on, plusieurs, la plupart, tout…
Pronoms interrogatifs : qui, que, quoi, lequel…

Comparaison

Comparer 2 nombres décimaux, c'est trouver le **plus grand** ou le plus petit des deux.

Le symbole	signifie
>	strictement supérieur
<	strictement inférieur

- Pour **comparer** des nombres :
  - compare d'abord leur **partie entière** : 8,1 > 5,7 car 8 > 5 ;
  - si leur **partie entière** est **égale, compare alors les chiffres des dixièmes, puis des centièmes...** 7,837 < 7,851 car 3 < 5.

- Attention ! Le plus grand nombre n'est pas toujours celui qui a le plus de chiffres après la virgule. 2,37 > 2,3699.

Classer des nombres par ordre	c'est les ranger
croissant	du plus petit au plus grand : 3,25 < 6,1 < 7
décroissant	du plus grand au plus petit : 7 > 6,1 > 3,25

Les nombres décimaux peuvent être rangés sur une **demi-droite d'origine** 0, dont on a défini une **unité** (ici le centimètre). À tout point de la demi-droite est associé un nombre décimal appelé **abscisse.** Ici B a pour abscisse 1. C a pour abscisse 4 et D : 4,5.
On note B(1), C(4), D(4,5).

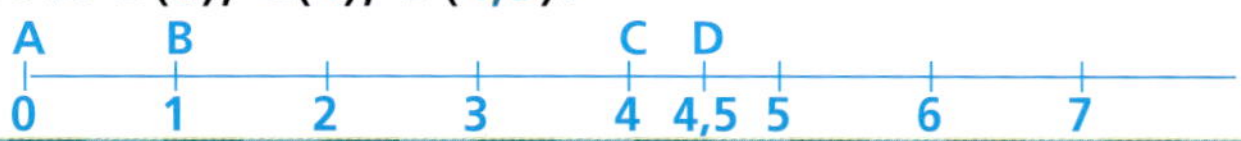

REGARDE AUSSI
p.172 : Écriture décimale

Conjugaison : être

Indicatif

Présent	Imparfait	Passé simple	Futur
je suis	j'étais	je fus	je serai
tu es	tu étais	tu fus	tu seras
il, elle est	il, elle était	il, elle fut	il, elle sera
nous sommes	nous étions	nous fûmes	nous serons
vous êtes	vous étiez	vous fûtes	vous serez
ils, elles sont	ils, elles étaient	ils, elles furent	ils, elles seront

Passé composé	Plus-que-parfait	Passé antérieur	Futur antérieur
j'ai été	j'avais été	j'eus été	j'aurai été
tu as été	tu avais été	tu eus été	tu auras été
il, elle a été	il, elle avait été	il, elle eut été	il, elle aura été
nous avons été	nous avions été	nous eûmes été	nous aurons été
vous avez été	vous aviez été	vous eûtes été	vous aurez été
ils, elles ont été	ils, elles avaient été	ils, elles eurent été	ils, elles auront été

Conditionnel		Subjonctif
Présent	**Passé**	**Présent**
je serais	j'aurais été	que je sois
tu serais	tu aurais été	que tu sois
il, elle serait	il, elle aurait été	qu'il, elle soit
nous serions	nous aurions été	que nous soyons
vous seriez	vous auriez été	que vous soyez
ils, elles seraient	ils, elles auraient été	qu'ils, elles soient

Impératif

Présent
sois
soyons, soyez

Participe

Présent : étant
Passé : été

Ecriture décimale

- Les 10 chiffres 0,1, 2, 3, 4, 5, 6, 7, 8, 9 et la virgule permettent d'écrire n'importe quel nombre décimal.

57,18 se lit souvent «57 virgule 18».
On distingue :
  - la **partie entière** à gauche de la virgule : 57 ;
  - la **partie décimale** à droite de la virgule : 18.

- **Pour lire un nombre décimal, on partage d'abord la partie entière par tranches de 3 chiffres : centaines (c), dizaines (d), unités (u).**
Dans la partie décimale, le 1er chiffre après la virgule désigne les dixièmes, le 2e chiffre les centièmes, le 3e chiffre les millièmes…

Partie entière												Partie décimale		
Classe des milliards			Classe des millions			Classe des mille			Classe des unités			dixièmes	centièmes	millièmes
c	d	u	c	d	u	c	d	u	c	d	u			
							1	5	7	8	9,	3	6	

15 789,36 se lit quinze mille sept cent quatre-vingt-neuf unités trente-six centièmes.

Attention ! Un nombre **entier** est un nombre décimal dont la **partie décimale est nulle**.
69 = 69,0 = 69,00

REGARDE AUSSI
p.181 : Quotients et écritures fractionnaires

MATHÉMATIQUES

Conjugaison : avoir

Indicatif

Présent	Imparfait	Passé simple	Futur
j'ai	j'avais	j'eus	j'aurai
tu as	tu avais	tu eus	tu auras
il, elle a	il, elle avait	il, elle eut	il, elle aura
nous avons	nous avions	nous eûmes	nous aurons
vous avez	vous aviez	vous eûtes	vous aurez
ils, elles ont	ils, elles avaient	ils, elles eurent	ils, elles auront

Passé composé	Plus-que-parfait	Passé antérieur	Futur antérieur
j'ai eu	j'avais eu	j'eus eu	j'aurai eu
tu as eu	tu avais eu	tu eus eu	tu auras eu
il, elle a eu	il, elle avait eu	il, elle eut eu	il, elle aura eu
nous avons eu	nous avions eu	nous eûmes eu	nous aurons eu
vous avez eu	vous aviez eu	vous eûtes eu	vous aurez eu
ils, elles ont eu	ils, elles avaient eu	ils, elles eurent eu	ils, elles auront eu

Conditionnel

Présent	Passé
j'aurais	j'aurais eu
tu aurais	tu aurais eu
il, elle aurait	il, elle aurait eu
nous aurions	nous aurions eu
vous auriez	vous auriez eu
ils, elles auraient	ils, elles auraient eu

Subjonctif

Présent
que j'aie
que tu aies
qu'il, elle ait
que nous ayons
que vous ayez
qu'ils, elles aient

Impératif

Présent
aie
ayons, ayez

Participe

Présent : ayant
Passé : eu, eue, eus, eues

Sommaire

Index

Sommaire

Index

Sommaire

ANGLAIS

au dos

Anglais

Au dos tu trouveras

l'Anglais

Sommaire

Index

Sommaire

ANGLAIS

Tubercule : bosse de la racine de certaines plantes, organe de réserve.

V

Végétal chlorophyllien : végétal qui contient un pigment vert : la chlorophylle.

Note ici les mots que tu as appris.

Les articles

- **L'article défini et l'article indéfini font partie des déterminants. Ils se placent devant un nom ou devant un adjectif suivi d'un nom.**

  The red car is an Austin.

- L'article défini **the** (le, la, les) :
  - désigne des personnes, des animaux, des objets particuliers **que l'on connaît** ;
  - **ne change pas de genre** : *the boy - the girl* ;
  - **est invariable** : *the boy - the boys*.

- L'article défini **a** ou **an** (un ou une) :
  - désigne une personne, un animal, un objet **parmi d'autres** ;
  - **ne change pas de genre** : *a boy - a girl* ;
  - **disparaît devant un pluriel** : *a bed - beds*.

On emploie	devant un mot commençant par
a	une consonne ou y : *a boy, a year*
an	une voyelle : *an umbrella*

- On emploie toujours **a** ou **an** pour une **profession**.

  Alfred is not a singer, he is an architect.

- Si tu peux dire «en général», ne mets pas d'article.

  I like blue. I drink tea.

REGARDE AUSSI
p.117 : Le pluriel des noms
p.120 : Les démonstratifs

Pluviométrie : quantité d'eau recueillie sur une surface donnée, en un lieu donné.

Poissonneuse (eau) : eau où vivent de nombreux poissons.

Protéine : substance indispensable pour la croissance de l'organisme et contenue dans la viande, le poisson et les œufs.

Protides : (vient de «protéines») substances essentielles dans la constitution des êtres vivants.

R

Reboiser : planter de nouveaux arbres.

Régime alimentaire : ensemble des aliments consommés par un être vivant.

Reproduction sexuée : multiplication qui fait intervenir un élément mâle et un élément femelle.

Rhizome : tige souterraine.

S

Serre : construction en verre ou en plastique dans laquelle on fait pousser des plantes en les protégeant du froid.

Stolon : tige rampante aérienne.

Substance minérale : matière ne provenant pas des êtres vivants. Par exemple, les roches, les minerais...

T

Trophique : en rapport avec la nutrition.

Les indéfinis : some, any, no, there is, there are

Pour dire **«il y a»**, on utilise :

- «there is» devant un nom singulier :
  There is a cat in my bed.
- «there are» devant un nom pluriel :
  There are three cats in my bed.

Forme	devant un nom singulier	devant un nom pluriel
Affirmative	there is	there are
Négative	there isn't	there aren't
Interrogative	is there ?	are there ?

Pour parler de quantités indéfinies, on utilise **some** et **any** qui signifient **du, de, de la** ou **des**.

On utilise	à la forme
Some	affirmative : *There's some chocolate in the milk.*
Not any	négative : *There is not any butter in my sandwich.*
Any	interrogative : *Are there any eggs ?*

- **Some** s'emploie également pour demander quelque chose.
  Can I have some sugar in my chocolate, please ?
- Si plusieurs noms suivent «there is», on accorde avec le premier d'entre eux.
  There is one cat and three alligators.
  There are three alligators and one cat.

REGARDE AUSSI
p.117 : Le pluriel des noms
p.118 : Les quantificateurs

revenir au point de départ.

L

Larve : forme d'un animal qui doit subir une transformation avant de devenir adulte.

Luminosité : quantité de lumière reçue en un lieu donné.

M

Matières grasses : substances que l'on trouve dans l'huile, le beurre etc., contenant beaucoup de graisse.

Matières minérales : matières non vivantes qui ne sont donc ni animales ni végétales.

Multiplication *in vitro* : repiquage des végétaux en tubes sur des milieux contrôlés.

Muqueuse buccale : tissu qui tapisse les parois de la bouche.

O

Ovule : cellule reproductrice femelle.

P

Partie aérienne : feuille, tige, fleur d'une plante.

Pelote de déjection : boulette d'éléments non digérés rejetée par la gueule ou le bec de certains animaux (les rapaces par exemple).

Plante annuelle : plante qui ne vit qu'une année.

Plante vivace : plante qui peut vivre plusieurs années.

GRAMMAIRE

Le pluriel des noms

- Pour former le pluriel d'un nom, on ajoute un «s» à la fin et on supprime l'article indéfini.

  A cat likes milk.
  Cats like milk.

- Attention :

Les noms terminés par	font leur pluriel en
s, sh, ch, x, o	es *Alfred needs glasses to cut potatoes.*
consonne + y	ies *Alfred likes babies.*

- En anglais, certains noms :
  - **ont un pluriel irrégulier** (tu dois les connaître par cœur) :
    a mouse - two mice ; a foot - two feet ; a child - two children ; a man - two men ; a penny - two pence.
  - **n'existent qu'au pluriel** : *jeans, trousers, shorts* (un jean, un pantalon, un short). Pour t'en souvenir, pense que tu as 2 jambes !
  - **sont invariables** mais ont un sens pluriel.
    The people are watching Alfred on television.
    His hair is so long !

- **Les noms de famille** prennent la **marque du pluriel.**
  We have lunch with the Martins.

REGARDE AUSSI
p.115 : Les articles
p.116 : Les indéfinis
p.125 : L'adjectif qualificatif

E

Épiderme : couche supérieure de l'enveloppe protectrice (la peau) d'un être vivant.

Érosion : action d'usure et de dégradation de la terre.

Excréments : éléments non digérés et rejetés par l'anus.

F

Faune : ensemble des animaux d'un milieu.

Fermentation : transformation d'un produit grâce à l'action d'organismes microscopiques.

Fibres : matières animales ou végétales constituées de filaments qui facilitent la digestion et le transit intestinal.

Flore : ensemble des végétaux d'un milieu.

G

Glucides : sucres comme le glucose, riches en énergie et très importants pour l'homme.

H

Humus : partie superficielle du sol, résultat de la décomposition des animaux et des végétaux morts.

I

Intensif (pâturage) : élevage de nombreuses bêtes sur une surface réduite.

Irréversible : qui ne peut pas évoluer en sens inverse ou

Les quantificateurs

● Les quantificateurs **every, all, much, many, a lot of, plenty of** sont des déterminants. Ils se placent donc devant un nom.
Ils expriment une notion de quantité.

Le quantificateur	signifie	et s'emploie devant un nom
every	chaque	singulier
all	tous les	pluriel
much	beaucoup de	singulier (indénombrable)
many	beaucoup de	pluriel (dénombrable)

● À la **forme interrogative, much** et **many** deviennent **how much** ou **how many**.
How much + nom (pour la quantité, le prix) : *How much is this shirt ?*
How many + nom (pour le nombre) : *How many books are there ?*

● Attention ! **Much et many ne s'emploient pas à la forme affirmative.** Utilise alors **a lot of**.

Has Alfred got much money ?
Yes, he's got a lot of gold coins in his hat.

Si tu hésites sur le bon emploi de much et de many, utilise **a lot of** (beaucoup) ou **plenty of** (énormément) qui **s'emploient à toutes les formes** et devant des noms pluriels ou indénombrables.

Has Alfred got a lot of coins ?
Yes, Alfred's got plenty of pence.

REGARDE AUSSI
p.117 : Le pluriel des noms
p.122 : Les mots interrogatifs

Lexique

B

Bouturage : procédé qui consiste à prélever une jeune pousse sur une plante pour la replanter en terre humide.

Bulbe : partie souterraine d'une plante (oignon) qui permet chaque année à la plante de repousser.

C

Caractères sexuels primaires : modifications du corps apparaissant à la puberté, indispensables à la reproduction (les règles chez les filles, le développement des testicules chez les garçons).

Caractères sexuels secondaires : modifications du corps apparaissant à la puberté, non essentielles à la reproduction (les seins chez les filles, la barbe chez les garçons).

Coloniser : occuper un nouveau milieu.

CO_2 : formule chimique du dioxyde de carbone.

Croissance : fait de grandir.

Cytoplasme : liquide dans lequel baigne le noyau d'une cellule.

D

Dioxygène : nom du gaz de formule chimique O_2.

Les auxiliaires : can et must

Can et **must** sont des auxiliaires modaux qui servent à modifier le sens d'un verbe.

L'auxiliaire	est utilisé pour exprimer
Can	une **capacité** : *Alfred can speak Chinese.* une **incapacité** : *Alfred can not (can't) swim.* une **permission** : *Can I go to the cinema ?* une **interdiction** : *Alfred can't drive the school bus !*
Must	une **obligation** : *You must eat your cake.* une **interdiction** :*You must not (mustn't) smoke.*

Les modaux se conjuguent avec **un sujet** (S) **et une base verbale** (BV = infinitif sans to).

Forme affirmative	Forme interrogative	Forme négative
S + must ou can + BV *He must learn Chinese.* *Alfred can run fast.*	must ou can + S + BV *Must Alfred be in class ?* *Can Alfred drink soda ?*	S + must ou can + not + BV *Alfred must not play alone.* *Alfred can not dance.*

Attention, **les modaux n'ont pas d'infinitif et sont invariables** : n'ajoute pas de «s» à la 3e personne du singulier :

He can swim.

Faire un dessin d'observation

1) Avant de commencer :
   - prends un crayon de dureté moyenne (HB) bien taillé ;
   - délimite le centre de la feuille ;
   - observe attentivement le modèle.

2) Trace une **marge** à gauche et à droite.

3) **Réalise une ébauche**, mettant en place la forme globale de l'objet au centre de la feuille sans appuyer sur le crayon. **Respecte les proportions** et ne dessine pas les détails.

4) Reprends ton ébauche et **ajoute les détails importants.** Repasse sur ton dessin d'un trait net et efface les traits inutiles.

5) Pour la **légende, trace des traits horizontaux à la règle** à partir de chaque partie identifiée et arrête-les à la marge. Écris dans le prolongement du trait les légendes au crayon et en minuscules. Équilibre-les des 2 côtés.

6) **Écris le titre au crayon en majuscules soulignées**. Il indique le sujet dessiné. Indique l'échelle utilisée.

7) Attention : un dessin d'observation se fait **uniquement au crayon noir à papier**.

LE FRUIT DE L'ÉRABLE

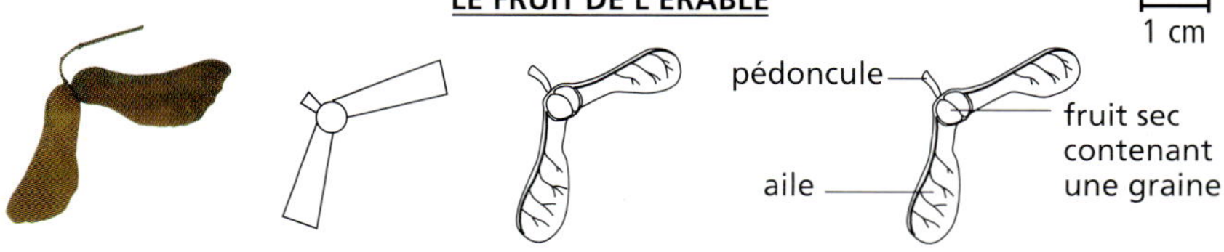

GRAMMAIRE # Les démonstratifs

● **This et that sont des démonstratifs** : ils servent à désigner ce que l'on montre du doigt.

Look at this clown !

Pour désigner	on utilise devant un singulier	on utilise devant un pluriel
ce qui est proche	this (ce ... ci) *This bike is my bike.*	these (ces ... ci) *These books near the bed are mine.*
ce qui est éloigné	that (ce ... là) *That motorbike behind the tree is Alfred's motorbike.*	those (ces ... là) *Those flowers behind the house are Alfred's flowers.*

● Attention ! **Si this et that ne sont pas suivis d'un nom**, ils ne sont pas adjectifs mais **pronoms démonstratifs**.

Pour **éviter de répéter un nom déjà cité** dans une phrase, on peut utiliser le pronom **one**.

Devant un nom	on utilise
singulier	one. *Alfred's got a big **car**, Arthur's got a small one.*
pluriel	ones. *Alfred has got a lot of **books**, but no interesting ones.*

MÉTHODE

Observer au microscope

Pour observer au microscope :
1) Place la potence du microscope vers toi.
2) Mets en place **le plus petit objectif dans l'axe du tube optique**.
3) **Règle la lumière** :
- ouvre au maximum le diaphragme ;
- allume la lumière ;
- oriente le miroir pour diriger le maximum de lumière dans le système d'observation.

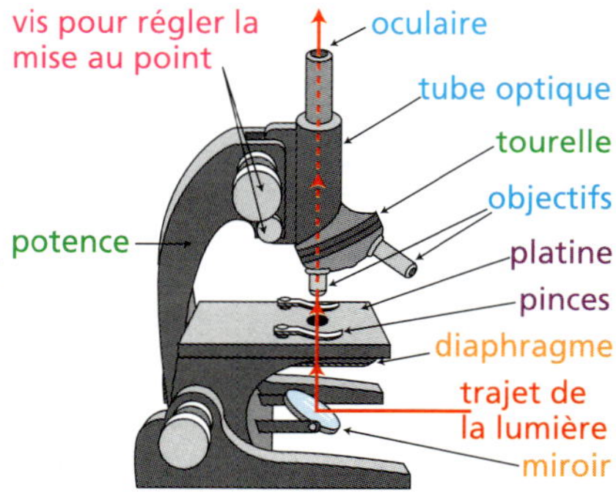

pour régler la lumière
pour grossir l'objet
pour régler la mise au point
pour poser la préparation
pour soutenir les éléments du microscope

4) **Place la préparation** à observer **sur la platine**, la lamelle au niveau du trou. Fixe-la avec les pinces (ou cavaliers).
5) **Abaisse l'objectif** de sorte qu'il effleure la lame.
6) **Regarde dans l'oculaire**. Remonte doucement le tube optique jusqu'à ce que l'objet devienne net.

7) Pour améliorer l'observation :
- déplace la lame sur une meilleure zone d'observation ;
- fais varier la mise au point (vis) pour observer les différentes épaisseurs de l'objet.

8) Pour voir plus de détails, change l'objectif en tournant la tourelle.

GRAMMAIRE Les pronoms personnels

Les pronoms personnels remplacent des groupes nominaux et permettent d'éviter la répétition.

Alfred is walking in the street. He is going to the zoo.

● Les pronoms personnels sont **différents selon leur fonction** dans la phrase :

Pronom personnel	Singulier					Pluriel		
Sujet	I	you	she	he	it	we	you	they
Complément	me	you	her	him	it	us	you	them

● **On utilise le pronom personnel neutre (it) pour parler d'objets ou d'animaux, sauf si ce sont des animaux familiers.**

This cow is black. It plays with Alfred. Alfred likes to play with it.
My cat is white. She loves Alfred. Alfred loves her too.

● En anglais *cat* est féminin, *dog* est masculin.

Le pronom personnel complément se place **après le verbe**.

Can you see Alfred ? Yes, I can see him.

Transformations biologiques

- Certains aliments subissent une transformation avant d'être consommés.

	Le pain	Le yaourt
vient du (matière première)	grain de blé	lait de vache
est d'origine	végétale	animale
se transforme par	<u>fermentation</u> grâce à des organismes vivants, visibles seulement au microscope : les micro-organismes. Les aliments produits changent de consistance et de goût par rapport à la matière première.	
est fabriqué grâce	Blé  à la levure de boulanger → Bulle de CO_2 	Lait 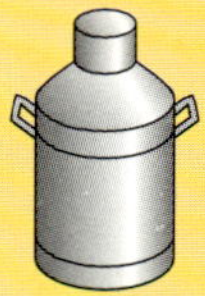 aux ferments lactiques → Lait coagulé 
est riche en	glucides et fibres	<u>protides</u> et <u>matières grasses</u>

- Pour obtenir des produits de bonne qualité, l'homme contrôle :
  - le choix des micro-organismes ;
  - la qualité des matières premières ;
  - le respect des conditions de température ;
  - l'hygiène.

GRAMMAIRE

Les mots interrogatifs

On utilise des **mots interrogatifs** pour commencer des questions qui appellent des réponses précises.

Who are you ? We are old friends.

Le pronom interrogatif	pose une question sur	Exemples
what what colour what time	une chose la couleur l'heure	*What is your name ?* *What colour are your eyes ?* *What time is it ?*
who	la personne	*Who is the man with the red moustache ?*
when	le moment	*When is Christmas ?*
where where ... from where ... to	le lieu le lieu d'où l'on vient le lieu où l'on va	*Where is your sister ?* *Where is he from ?* *Where is he going to ?*
which	le choix à faire	*Which pencil do you want ?*
how	la qualité	*How do you do ? How are you ?*

Attention ! La formation des questions est toujours la même : Pronom interrogatif + auxiliaire ou verbe + sujet + point d'interrogation.

Who is Alfred ?

REGARDE AUSSI
p.118 : Les quantificateurs
p.123 : Les yes-no questions

L'élevage des animaux

● Pour pouvoir se nourrir, l'homme élève des animaux pour :
- **leur viande** : ex. le mouton ;
- **leur lait** : ex. la vache laitière ;
- **leurs œufs** : ex. la poule.

● L'élevage des animaux permet à l'homme de satisfaire ses besoins alimentaires pour grandir et se maintenir en bonne santé.
La **viande**, les **œufs** et le **lait** sont des aliments **riches en protéines** et en **matières grasses**.

● Pour élever des animaux en grande quantité, l'homme doit contrôler les facteurs de production.

Un poulailler

Lors de la reproduction sexuée, on **obtient** une **production plus importante** et de meilleure qualité, par croisement d'individus sélectionnés pour leur développement et leur résistance.
La nourriture, les conditions de vie et d'hygiène sont contrôlées pour répondre aux besoins de l'animal.

GRAMMAIRE

Les yes-no questions ; les tags

● Les yes-no questions sont des questions auxquelles on répond brièvement par oui ou par non.
Attention, **on ne répond pas simplement par yes ou par no mais on ajoute l'auxiliaire** dans la réponse.

Is Alfred wonderful ? Yes, he is.

Question	Réponse
Auxiliaire + sujet + verbe + ... + ?	Yes + sujet + auxiliaire
Do you like me ?	*Yes I do.*
	No + sujet + auxiliaire négatif
	No, I don't.

● Les **tags** sont placés à la fin d'une proposition et se traduisent par **«n'est-ce pas ?»**. Ils reprennent :
- **l'auxiliaire de la proposition** ;
- puis le **sujet sous forme de pronom personnel**.

● Si la proposition est affirmative, le tag est négatif, et inversement.
Prop. **affirmative** ➤ Tag **négatif** : *Alfred loves you, doesn't he ?*
Prop. **négative** ➤ Tag **affirmatif** : *Alfred doesn't love you, does he ?*

Les tags sont très utilisés en anglais.

REGARDE AUSSI
p.119 : Les auxiliaires modaux
p.121 : Les pronoms personnels
p.122 : Les mots interrogatifs

La culture des végétaux

- Pour se nourrir, l'homme cultive des végétaux.

Un végétal est cultivé pour :
- ses **fruits** (cerises) ;
- ses **graines** (haricots) ;
- ses **tubercules** (pommes de terre).

- Pour grandir, l'homme doit satisfaire ses besoins alimentaires.

Les céréales, les fruits, les légumes verts sont des aliments riches en **glucides**, en **éléments minéraux** et en **fibres**.

- Pour les produire en grande quantité, l'homme doit contrôler les facteurs de production.

Les végétaux peuvent être obtenus par bouturage, par reproduction sexuée contrôlée ou par multiplication végétative *in vitro*.

L'agriculteur doit être capable de choisir les meilleures variétés en fonction de son **milieu de culture** (nature du sol, pluviosité, ensoleillement…).

Après la plantation, l'agriculteur peut **contrôler** la **lumière**, l'**apport en CO_2**, les **sels minéraux** et l'**humidité**.

C'est dans la **culture sous serre** qu'il peut maîtriser au mieux ces facteurs de production.

Plantations sous serre

La possession

- Les adjectifs et les pronoms possessifs donnent des renseignements sur le possesseur ou le propriétaire d'une chose.

Is it your cat ? Yes, it is mine.

- Ils s'accordent avec le genre du possesseur.

Possesseur	I	You	He	She	It	We	You	They
Adjectif	my	your	his	her	its	our	your	their
Pronom	mine	yours	his	hers	its	ours	yours	theirs

Possesseur singulier	Possesseur pluriel
possesseur + 's + objet *Alfred 's cake.*	**possesseurs + ' + objet** *The boys ' room.*

- Pour **connaître le possesseur**, pose une question avec **«whose»**.

Whose car is this ?

- Tu peux y répondre par :
  - le cas possessif : *It's **Alfred's** car* ;
  - l'adjectif possessif : *It's **my** car* ;
  - le pronom possessif : *It's **mine***.

- Le cas possessif s'utilise avec des possesseurs humains ou des animaux. Pour des choses, on dit **of** :

The leg of the table.

REGARDE AUSSI
p.122 : Les mots interrogatifs

Les relations entre les êtres vivants

● Pour subsister, les êtres vivants d'un même milieu dépendent les uns des autres. Leurs relations sont représentées par des chaînes alimentaires dont les maillons figurent le trajet de la nourriture.

● Dans un réseau trophique coexistent plusieurs chaînes alimentaires, comme dans le jardin.
Les végétaux chlorophylliens sont toujours à la base des réseaux trophiques : **ce sont donc les premiers maillons de la chaîne**.

● Pour grandir, les êtres vivants produisent leur propre matière grâce à celle prélevée dans leur milieu. **Ce sont tous des producteurs.**

● **Les végétaux chlorophylliens sont des producteurs primaires** : ils produisent de la matière végétale à partir de la lumière et des matières minérales.
Les animaux sont des producteurs secondaires : ils produisent de la matière animale à partir d'autres êtres, animaux ou végétaux.

Une chaîne alimentaire d'un jardin

L'adjectif qualificatif

L'adjectif qualificatif épithète est toujours placé devant le nom qu'il accompagne. Il est **invariable**.

Alfred is eating 10 red strawberries.

Pour comparer deux personnes ou deux choses, on utilise :

Comparatif	Construction	Sens
d'égalité	**as** + adjectif + **as** *Alfred is **as** polite **as** his brother.*	aussi … que …
de supériorité : - si l'adjectif est court (1 syllabe ou 2 si la 2e se termine par y)	- adjectif + **er** + **than** *Alfred is young**er than** his father.*	plus … que …
- si l'adjectif est long (plus de 2 syllabes)	- **more** + adjectif + **than** *Alfred is **more** intelligent **than** Einstein.*	plus … que …

- Les adjectifs «courts» qui se terminent par un **y** prennent **ier** au comparatif de supériorité : *easy ➤ easier.*
Ceux qui se **terminent par une seule consonne précédée d'une seule voyelle doublent la consonne finale** : *big ➤ bigger.*

- **Tous les adjectifs de nationalité prennent une majuscule.**
Alfred is a French boy.

- Certains adjectifs ont un **comparatif de supériorité irrégulier**.
Good ➤ better ; bad ➤ worse.

Les besoins alimentaires des végétaux chlorophylliens

● Les végétaux chlorophylliens utilisent pour se nourrir des matières minérales.
Grâce à l'énergie produite par la lumière, la plante transforme ces aliments en matière végétale.

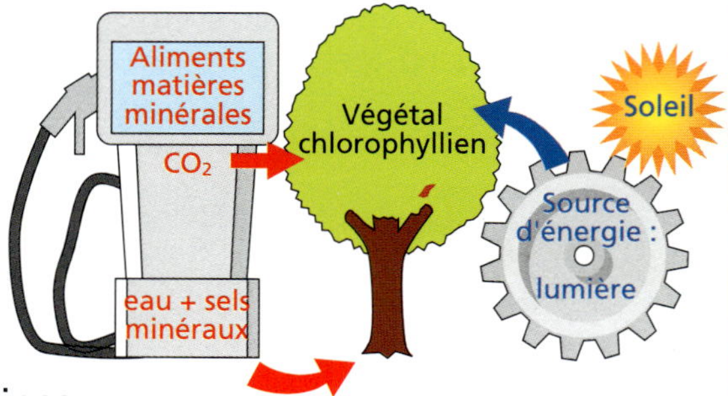

● **Dans la nature, on observe différents types d'aliments** :
- l'eau absorbée par les racines ;
- les sels minéraux prélevés dans le sol par les racines de la plante ;
- le dioxyde de carbone prélevé dans l'air par les feuilles.

● **Dans les cultures, on peut** :
- arroser fréquemment pour assurer la bonne croissance des végétaux ;
- ajouter des engrais sous forme de sels minéraux pour améliorer la production.

● **En serre, tous ces éléments sont contrôlés.**
L'air peut être enrichi en dioxyde de carbone (CO_2).

Les prépositions de lieu

On utilise des prépositions de lieu pour situer des personnes ou des objets.
On les utilise souvent **en réponse à la question «where... ?»**.

Where are you ? I'm ***in*** *my room.*

- Les prépositions de lieu sont toujours suivies d'un nom.

La préposition	indique	Exemples
in	un lieu où l'on est	*Alfred is in the kitchen.*
at	un lieu ou un moment précis	*He's waiting at the bus stop.*
from	une provenance	*He comes from Venus.*
to	une destination ou une durée	*He goes to Jupiter.*

- Tu dois aussi connaître :

behind derrière
between entre
in front of devant
on sur
under sous

Dans une **phrase interrogative avec where**, les prépositions **to** ou **from** sont **rejetées en fin de phrase**.

Where are you from ?

REGARDE AUSSI
p.122 : Les mots interrogatifs

Les besoins alimentaires des animaux

- Chaque espèce animale a son propre régime alimentaire.

Un animal qui consomme des êtres vivants d'origine	est un
végétale	**phytophage**, comme l'escargot, la vache.
animale	**zoophage**, comme la chouette, le hérisson.
végétale et animale	**omnivore**, comme l'homme.

- Les **animaux se nourrissent non seulement de matière produite par d'autres êtres vivants, mais aussi d'eau et de sels minéraux**. Grâce aux différents aliments prélevés dans le milieu, **ils produisent leur propre matière pour grandir**.

Des régimes alimentaires différents

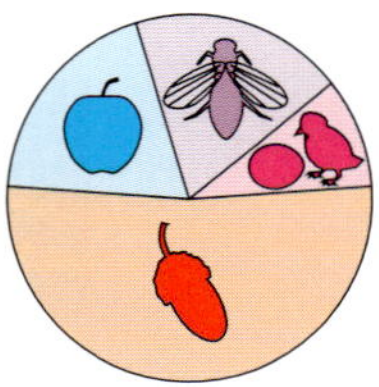

Le geai des chênes, animal omnivore

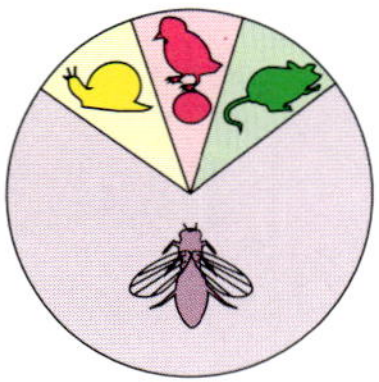

La pie bavarde, animal zoophage

- Pour connaître le régime alimentaire d'un animal, on peut :
  - déterminer quel est son milieu favori ;
  - l'observer pendant ses repas ;
  - analyser ses excréments ou une pelote de déjection ;
  - examiner le contenu de son tube digestif.

Les adverbes de fréquence

Les adverbes de fréquence permettent de préciser si l'action décrite se produit souvent, rarement, jamais, etc. Ils sont invariables.

Les adverbes de fréquence	**se placent**
always, usually, sometimes, occasionaly, rarely, never, often…	- avant le verbe principal : *My dog often plays with my cat.* - entre l'auxiliaire et le verbe quand il y a un auxiliaire : *John is usually happy to see me.*

- Dans une question, pour connaître la **fréquence d'une action** on emploie «**how often**».

  How often do you call him ? I never call him.

- Les adverbes de fréquence indiquent une **habitude**. On les utilise donc souvent avec le **présent simple**.

  Alfred always plays rugby with his cat.

REGARDE AUSSI
p.119 : Les auxiliaires : can et must
p.122 : Les mots interrogatifs
p.132 : Le présent simple

L'action de l'homme sur les peuplements

● L'homme peut modifier le peuplement d'un milieu. Son action, bénéfique ou néfaste, peut être directe ou indirecte. Prenons l'exemple de l'action de l'homme sur la loutre. Autrefois, la loutre habitait toutes les rivières poissonneuses ; il est désormais exceptionnel de la rencontrer.

Action positive directe	**Action négative directe**
Depuis quelques années, l'homme protège la loutre. Il favorise la création de réserves naturelles spécifiques : «les paradis à loutres».	L'homme a longtemps piégé la loutre pour sa fourrure ou parce qu'il la considérait comme une redoutable mangeuse de poissons.
indirecte	**indirecte**
L'homme fait en sorte que des techniques nouvelles soient utilisées pour purifier les eaux et réduire les pollutions.	L'homme a entraîné la pollution des rivières, la destruction de l'habitat, etc.

La loutre a besoin d'une eau propre et poissonneuse

● Si la loutre retrouve les conditions de son milieu d'origine, elle peuplera à nouveau les rivières.

Lire l'heure

Commence toujours par **la grande aiguille** (qui indique **les minutes**).

- Si elle est sur 12, utilise o'clock. *It's three o'clock.*

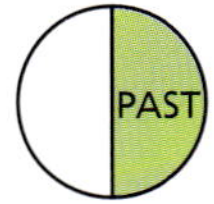

- Si elle est dans la **moitié droite** du cadran, utilise **past**.
On dit : **It's + nbre de minutes + past + l'heure dépassée**.
It is twenty minutes past ten.

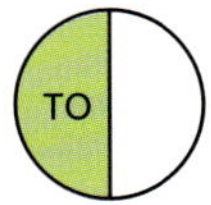

- Si elle est dans la **moitié gauche** du cadran, utilise **to**, qui équivaut à «moins» en français.
On dit : **It's + nbre de minutes + to + l'heure à venir**.
Alfred ! It's already five minutes to eight, hurry up !

«Quart» se dit **quarter** et «demi» se dit **half**.
It's a <u>quarter</u> to six. It's <u>half</u> past six.

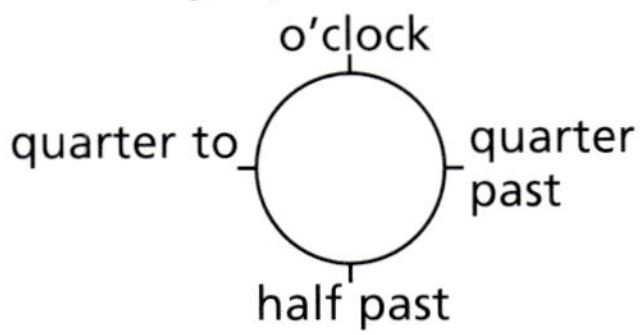

- Attention !
On ne compte les heures que jusqu'à 12.
S'il est 23 heures, on dit «in the evening», qui traduit «du soir».
Pour préciser, on peut aussi employer «a.m.» de 0 h à 12 h et «p.m.» de 12 h à 24 h.
It's eleven p.m.

- Pour demander l'heure, on pose la question : «What time is it ?»

REGARDE AUSSI
p.129 : Les nombres

L'occupation des milieux au cours des saisons

- Au cours des saisons, l'occupation des milieux varie.

Vol en «V» de grues cendrées

Pour passer l'hiver les animaux peuvent	Pour passer l'hiver les végétaux peuvent
1) **Migrer.** Ils partent à la recherche d'un milieu qui corresponde à leurs besoins en température et en nourriture. Ex. l'hirondelle.	1) **Perdre ou réduire leurs parties aériennes** (ex. les feuilles). - Les plantes vivaces ne laissent subsister que des bulbes, des tubercules, des rhizomes dans le sol. - La plupart des arbres perdent leurs feuilles et protègent leurs bourgeons dans des écailles.
2) **Entrer en vie ralentie.** Ils s'endorment dans un abri creusé dans le sol. Ils économisent ainsi leur énergie. Ex. le hérisson.	
3) **Rester actifs.** Leur plumage ou leur fourrure s'épaississent. Ils adaptent leur régime alimentaire à ce qu'ils trouvent. Ex. le renard.	2) **Mourir après avoir libéré des graines.** Les graines des plantes annuelles peuvent résister à de mauvaises conditions et ne germer qu'au retour des conditions favorables.

Les nombres

Les nombres cardinaux servent à compter (1, 2, 3…).

De 1 à 12	tu dois les connaître par cœur.	one, two, three, four, five, six, seven, eight, nine, ten, eleven, twelve.
De 13 à 19	ajoute teen au nombre choisi : *six* + ***teen*** = *sixteen.*	thir**teen**, four**teen**, fif**teen**, six**teen**, seven**teen**, eigh**teen**, nine**teen**.
À partir de 20 et dizaines suivantes	ajoute **ty** à l'unité : *six* + *ty* = *sixty*	twen**ty**, thir**ty**, for**ty**, fif**ty**, six**ty**, seven**ty**, eigh**ty**, nine**ty**.
D'une dizaine à la suivante	ajoute un nombre de 1 à 9 à la dizaine : ***twenty*** + *two* = *twenty-two*	twenty-one, forty-five, seventy-five…

- Les nombres ordinaux servent à classer (1er, 2e, 3e…).

Pour les connaître, ajoute **«th»** aux nombres cardinaux : **the** four**th**, **the** fif**th**…
Attention, **one, two, three** deviennent **the first, the second, the third**.

- On utilise les nombres ordinaux pour donner la date : **jour + mois + nbre cardinal abrégé** (avec **«th»** sauf 1st, 2nd, 3rd) ou **jour + nbre cardinal abrégé + mois**.

Tuesday April 5th ou *Tuesday 5th April.*

ANGLAIS

Les animaux et les végétaux peuplent leurs milieux

● **Les animaux peuplent les milieux.**

1) En se reproduisant :

- Lors de la **reproduction sexuée, un mâle et une femelle** donnent naissance soit à des individus qui ressemblent aux adultes (ex. le veau) soit à des larves (ex. la chenille, larve du papillon).
- Lors de la **reproduction asexuée, un seul parent** donne naissance à de nombreux individus, tous identiques.

2) En se déplaçant :

Les animaux colonisent de nouveaux milieux, sous la forme larvaire (ex. l'huître) ou adultes (ex. l'escargot).

● **Les végétaux peuplent les milieux :**

1) En dispersant leurs graines :

Les plantes à fleurs dispersent leurs graines grâce au vent, à l'eau ou aux animaux.

2) En dispersant leurs spores :

Les spores des plantes sans fleurs (mousse, champignon) sont transportées par le vent.

3) En se multipliant par :

- le développement de certaines parties du végétal (ex. fougères) ;
- la production d'organes spécialisés (stolons des fraisiers) ;
- la simple division (lentilles d'eau).

To be

Le verbe «to be» (être) peut avoir deux fonctions :

- la fonction de **verbe** :
  Alfred is a gentleman. Frogs are green.

- la fonction d'**auxiliaire** avec, par exemple, le présent continu :
  Alfred is reading a newspaper.
  I am eating a big cake.

● À l'oral, on utilise surtout la forme **contractée** de **to be** :
He isn't (is not) a singer.

● À la 3e personne du singulier, **ne confonds pas la forme contractée de to be avec celle de to have** même si elles s'écrivent de la même façon :
He's (is) really a good friend ne signifie pas la même chose que :
He's (has) really got a good friend.

Attention ! Certaines expressions avec le verbe **avoir** en français se traduisent par **to be** en anglais :
How old are you ? I am twelve. (Quel âge avez-vous ? J'ai douze ans).
Are you hungry ? (Avez-vous faim ?)

REGARDE AUSSI
p.121 : Les pronoms personnels
pp.131, 136 : To have
p.133 : Le présent continu
p.136 : Conjugaison de to be

La cellule, un point commun entre les êtres vivants

- Tous les êtres vivants sont constitués de cellules. La cellule est l'élément de base de tout être vivant.

- Certains des êtres vivants sont formés d'**un grand nombre de cellules** : ce sont les **pluricellulaires,** l'homme par exemple.
D'autres sont constitués d'**une seule cellule** : ce sont les **unicellulaires**, la paramécie par exemple.

- Une cellule ressemble à un petit sac rempli de liquide. Toutes les cellules, ou presque, présentent les mêmes constituants :
    - une **membrane** qui les délimite ;
    - un <u>**cytoplasme**</u> ;
    - un **noyau** qui baigne dans le cytoplasme.

- Les cellules sont de **taille diverse** et de **forme variée**. Celles qui tapissent la <u>muqueuse buccale</u> sont plutôt circulaires, avec un noyau central régulier. Celles qui constituent l'<u>épiderme</u> de l'oignon sont plutôt rectangulaires.

Dessin d'observation de deux cellules

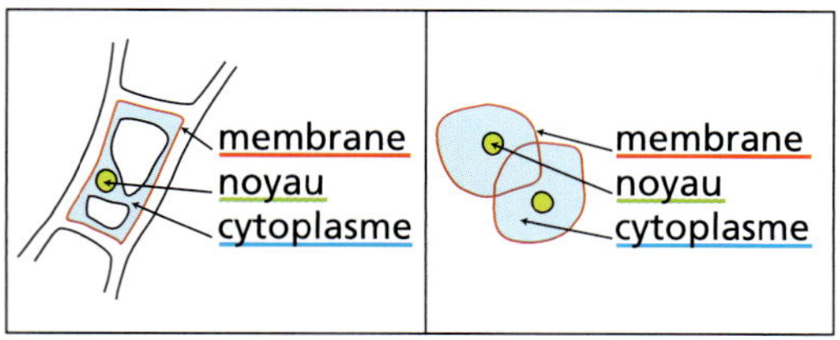

épiderme d'oignon — muqueuse buccale

- Pour observer les cellules, on utilise le **microscope**.

REGARDE AUSSI
p.105 : Observer au microscope

To have

Le verbe «to have» (avoir) peut avoir deux fonctions :

- la fonction de **verbe** :
  Alfred has lunch at 12 every day.

- la fonction d'**auxiliaire**, généralement suivi de **got**, quand on veut exprimer la possession au présent. **Got est invariable**.
  Alfred has got a very nice shirt.
  We have got a black fish.

- La **forme contractée** s'emploie **surtout à l'oral**. Elle ne concerne que to have car got ne peut être contracté.
  I've got (I have got) a new dog !

- Ne confonds pas la forme contractée de to have à la 3e personne du singulier, avec celle de to be.
  He's got (He has got) a nice black fish ne signifie pas la même chose que : *It's (It is) a nice black fish.*

Attention ! Certaines expressions avec le verbe **avoir en français** se traduisent par **to be en anglais** :
I am cold (J'ai froid).

REGARDE AUSSI
p.121 : Les pronoms personnels
pp.130, 136 : To be
p.136 : Conjugaison de to have

Tableau de classement des végétaux

● **Parmi les végétaux, on distingue ceux qui ont des fleurs et des graines de ceux qui n'en ont pas.**

● Le végétal peut posséder :

1) Des fleurs et des graines :
   - soit enfermées dans un fruit (Angiospermes, ex. colza) ;
   - soit posées sur les écailles d'un cône (Gymnospermes, ex. sapin).

2) Ni fleurs ni graines :
   - soit avec tige, feuilles et racines (Fougères, ex. grand aigle) ;
   - soit avec feuilles mais sans tige ni racine (Mousse, ex. funaire) ;
   - soit sans tige, ni feuilles ni racines (Algues, ex. fucus).

● D'après les connaissances actuelles, les champignons ne font plus partie du règne végétal.

REGARDE AUSSI
p.92 : Établir un classement
p.93 : Tableau de classement des animaux

Le présent simple

Il existe deux présents en anglais : le **présent simple** et le **présent continu**.

On emploie le **présent simple** pour exprimer :
- une habitude : *I visit my grandparents every Christmas.*
- une vérité générale : *English people eat eggs and bacon for breakfast.*

Le présent se forme autour de la **base verbale** (BV = infinitif sans to).

	I, you, we, they	she, he, it
Forme affirmative	Sujet + BV *I speak English.*	Sujet + BV + s ou es *She speaks English.*
Forme négative	Sujet + do not (don't) + BV *You don't speak English.*	Sujet + does not (doesn't) + BV *He doesn't speak English.*
Forme interrogative	Do + sujet + BV *Do they speak English ?*	Does + sujet + BV *Does he speak English ?*

● **N'oublie pas de mettre un «s» à la 3e personne du singulier** : *I love cheese. He loves cheese.*

● Certains adverbes de temps peuvent t'aider à reconnaître le présent simple : always, often, everyday, never…

REGARDE AUSSI
p.133 : Le présent continu
pp.136 : Conjugaison de to be et to have

Tableau de classement des animaux

● Les animaux sont classés en **deux embranchements** : ceux qui ont une colonne vertébrale (les vertébrés) et ceux qui n'en ont pas (les invertébrés), chacun ayant des critères différents.

VERTÉBRÉS

- Présence de poils
  - Mammifères (Lion)
- Absence de poils
  - Avec plumes
    - Oiseaux (Pigeon)
  - Sans plumes
    - Peau nue
      - Amphibiens (Grenouille)
    - Écailles
      - Soudées
        - Poissons (Truite)
      - Non soudées
        - Reptiles (Vipère)

INVERTÉBRÉS

- Avec carapace
  - Arthropodes
    - Corps avec 2 parties
      - 4 paires de pattes
        - Arachnides (Araignée)
      - + de 4 paires de pattes
        - Crustacés (Crabe)
    - Corps avec + de 2 parties
      - corps en 3 parties
        - Insectes (Moustique)
      - corps en + de 3 parties
        - Myriapodes (Mille-pattes)
- Sans carapace
  - Sans coquille
    - Annélides (Ver de terre)
  - Avec coquille
    - en 1 seule partie
      - enroulée
        - Gastéropodes (Escargot)
      - non enroulée
        - Céphalopodes (Pieuvre)
    - en 2 parties
      - Bivalves (Moule)

REGARDE AUSSI
p.92 : Établir un classement
p.94 : Tableau de classement des végétaux

Le présent continu (ou présent progressif)

Il existe deux présents en anglais. Le **présent simple** et le **présent continu.**

On emploie **le présent continu** pour exprimer une **action qui est en train de se dérouler au moment où l'on parle** :

It's seven o'clock, Alfred is preparing dinner.

Le présent se forme avec **to be conjugué + la base verbale** (BV = infinitif sans to), **suivie de la terminaison ing.**

Forme	Construction
Affirmative	Sujet + to be au présent + BV + ing *I am (I'm) playing.* *They are (they're) cooking.*
Négative	Sujet + to be au présent + not + BV + ing *I am not playing.* *They are not (aren't) cooking.*
Interrogative	To be au présent + S + BV + ing *Am I playing ?* *Are they cooking ?*

Les verbes qui expriment les **goûts** (like, love, hate...) ou la **pensée** (want, know, remember, understand...) ne se conjuguent presque jamais au **présent continu**.

REGARDE AUSSI
p.132 : Le présent simple
p.136 : Conjugaison de to be et to have

Établir un classement selon des critères

- Les scientifiques ont cherché à définir des **points communs entre les êtres vivants pour pouvoir les ranger dans des groupes et des sous-groupes**. Ils ont établi des critères de classification qui sont des caractères facilement observables à l'œil nu.

- Pour les animaux, on observe la présence ou l'absence de colonne vertébrale, plumes, écailles, carapace, pattes, antennes, coquille…

- Pour les végétaux, on observe la présence ou l'absence de fleurs, tiges, feuilles, racines…

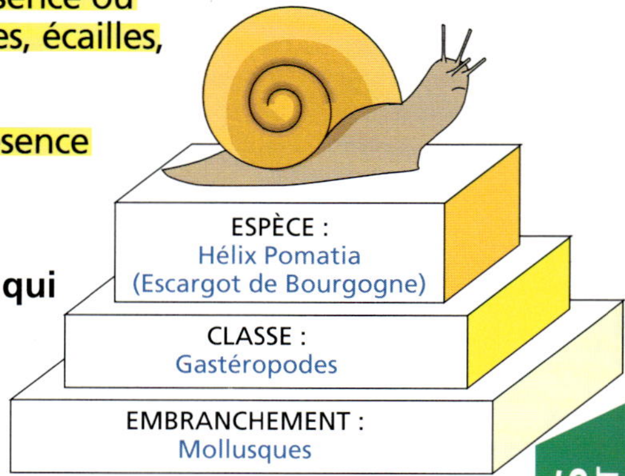

- On regroupe ensuite les individus **qui présentent les mêmes critères en embranchements**. Par exemple, l'embranchement des vertébrés regroupe tous les animaux possédant une colonne vertébrale.

- **L'espèce est un groupe important.** Elle rassemble sous un même nom les êtres vivants qui :
  - vivent dans un même milieu ;
  - présentent des ressemblances ;
  - peuvent se reproduire entre eux.

REGARDE AUSSI
p.93 : Tableau de classement des animaux
p.94 : Tableau de classement des végétaux

CONJUGAISON

L'impératif

● On emploie **l'impératif** pour **donner un ordre, un conseil ou pour interdire quelque chose**.

Don't play with fire, Alfred !

● Il ne s'emploie qu'à **3 personnes** dont les pronoms ne s'écrivent pas :
- 2e personne du singulier et du pluriel (you) ;
- 1re personne du pluriel (we).

À la **forme affirmative** ou à la forme **négative,** l'impératif se construit avec la **base verbale** (BV = infinitif sans to).

	Forme affirmative	Forme négative
2e pers. du sing.	BV *Go ! Eat !*	do not (don't) + BV *Don't eat your hat Alfred !*
1re pers. du plur.	let us (ou let's) + BV *Let's go to the milk bar !*	let us not (let's not) + BV *Let's not drink so fast !*
2e pers. du plur.	BV *Come !*	do not (don't) + BV *Alfred and John ! Don't write on the table !*

● À la 1re personne du pluriel, il s'agit plus d'une proposition que d'un ordre. *Let's play with Alfred ! (Et si on jouait avec Alfred ?)*

● Le verbe à l'impératif est parfois suivi d'une particule qui change le sens du verbe.

Go out ! Come in !

REGARDE AUSSI
p.121 : Les pronoms personnels

L'action de l'homme sur son environnement

● En fonction de ses besoins alimentaires et industriels ainsi que de ses choix d'aménagement, l'homme agit sur son environnement. **Ses actions sont parfois négatives, parfois positives**.

● La **mer d'Aral** était le quatrième lac salé du globe. Mais à partir des années 1960, en URSS, les deux affluents qui l'alimentaient ont été détournés pour arroser les cultures de coton. Aujourd'hui, la mer d'Aral a presque disparu. C'est une catastrophe écologique irréversible.

● **La forêt est indispensable à l'équilibre de la nature.** Elle contrôle l'humidité et purifie l'atmosphère. Les racines des arbres fixent le sol et freinent l'érosion. Lorsque l'homme brûle, défriche et réalise des pâturages intensifs, il menace l'équilibre de la planète.
Les sols sont emportés par les pluies, la végétation ne pousse plus, l'humidité diminue, la sécheresse s'installe…
Aujourd'hui, l'homme reboise car il a pris conscience de l'importance de cette forêt pour l'équilibre naturel.

Une forêt défrichée en Amérique du Sud

Quelques verbes à connaître

to answer	répondre
to ask	demander
to be	être
to break	casser
to buy	acheter
to call	appeler
to choose	choisir
to clean	nettoyer
to cook	cuisiner
to cost	coûter
to cut	couper
to do	faire
to dream	rêver
to drink	boire
to eat	manger
to fall	tomber
to find	trouver
to forget	oublier
to get	obtenir
to get up	se lever
to go	aller
to happen	arriver, se passer
to have	avoir
to help	aider
to jump	sauter
to know	savoir, connaître
to learn	apprendre
to look at	regarder
to love	aimer
to make	faire
to mean	signifier
to meet	rencontrer
to need	avoir besoin
to open	ouvrir
to play	jouer
to put	mettre
to rain	pleuvoir
to read	lire
to repeat	répéter
to run	courir
to say	dire
to see	voir
to shine	briller
to show	montrer
to sing	chanter
to sit down	s'asseoir
to sleep	dormir
to speak	parler
to spell	épeler
to stand up	se lever
to start	commencer
to stay	rester
to take	prendre
to tell	raconter
to think	penser
to use	utiliser
to wait for	attendre
to wake up	se réveiller
to walk	marcher
to want	vouloir
to wash	laver
to wear	porter (un vêtement)
to worry	s'inquiéter
to write	écrire
to listen to	écouter

L'importance de la situation géographique

- Sur notre planète, les êtres vivants se répartissent selon leurs besoins en lumière, en température et en eau.

- La luminosité et la **température** dépendent :
  - du **soleil** : dont l'intensité varie au cours de la journée et des saisons ;
  - du **relief** : en altitude, il fait plus froid et plus humide que dans la vallée ;
  - des **nuages** : si le ciel devient gris, la température et l'éclairement baissent ;
  - de la **végétation** : en forêt, il fait frais et sombre.

Le cycle de l'eau

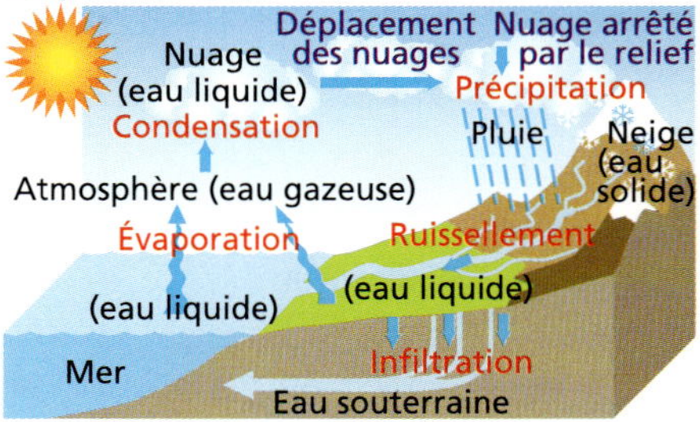

- **L'eau, élément indispensable à la vie**, est présente sous trois états successifs :
  - liquide : fleuve, lac, mer, pluie... ;
  - solide : neige, grêle, glace... ;
  - gazeux : vapeur d'eau...

- Ces trois éléments sont à l'origine des zones climatiques du globe. En France métropolitaine, le climat est tempéré avec des influences locales :
  - **océanique** : faibles écarts de température, forte pluviométrie ;
  - **semi-continentale** : tempéré mais avec des saisons marquées ;
  - **méditerranéenne** : orages violents et sécheresse l'été.

Conjugaison de to be et to have

To be		
Forme affirmative	**Forme négative**	**Forme interrogative**
I am (I'm)	I am not (I'm not)	Am I ?
You are (you're)	You are not (you're not / you aren't)	Are you ?
He is (he's)	He is not (he's not / he isn't)	Is he ?
She is (she's)	She is not (she's not / she isn't)	Is she ?
It is (it's)	It is not (it's not / it isn't)	Is it ?
We are (we're)	We are not (we're not / we aren't)	Are we ?
You are (you're)	You are not (you're not / you aren't)	Are you ?
They are (they're)	They are not (they're not / they aren't)	Are they ?

To have		
Forme affirmative	**Forme négative**	**Forme interrogative**
I have (I've)	I have not (I've not)	Have I… ?
You have (you've)	You have not (you've not / you haven't)	Have you… ?
He has (he's)	He has not (he's not / he hasn't)	Has he… ?
She has (she's)	She has not (she's not / she hasn't)	Has she… ?
It has (it's)	It has not (it's not / it hasn't)	Has it… ?
We have (we've)	We have not (we've not / we haven't)	Have we… ?
You have (you've)	You have not (you've not / you haven't)	Have you… ?
They have (they've)	They have not (they've not / they haven't)	Have they… ?

Le sol : terre et vie

- Le sol est un mélange :
  - **d'éléments minéraux**, provenant des roches du sous-sol ;
  - **d'animaux, de végétaux et de leurs déchets**.

- **Le sol sert de support à une grande partie des végétaux**, qui puisent dans ce milieu les substances minérales et l'eau indispensables à leur développement.

- **Le sol est peuplé de nombreux êtres vivants** (600 000/m^3), souvent microscopiques. Ils y trouvent des conditions de vie répondant à leurs besoins en eau, en air, en température, en obscurité et en nourriture. Certains de ces animaux (vers de terre, acariens…) jouent un rôle essentiel : ils transforment les déchets végétaux et les cadavres d'animaux en humus.

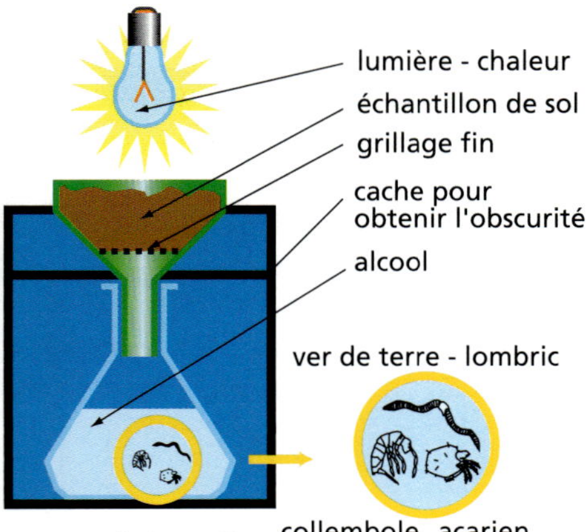

L'appareil de Berlèse

- Pour récolter et observer les animaux du sol, on utilise **l'appareil de Berlèse**. Dans ce montage, les animaux de l'échantillon de sol fuient la chaleur et la lumière et tombent à travers les mailles du grillage dans l'alcool.

Vocabulaire

all	tout/tous
alligator	alligator
alone	seul
always	toujours
architect	architecte
baby	bébé
bed	lit
behind	derrière
between	entre
big	grand
bike	vélo
black	noir
blue	bleu
book	livre
boy	garçon
brother	frère
butter	beurre
cake	gâteau
car	voiture
cat	chat
cheese	fromage
child	enfant
chocolate	chocolat
Christmas	Noël
day	jour
dog	chien
egg	œuf
every	chaque
everyday	chaque jour
eye	œil
fast	vite
father	père
fish	poisson
French	Français
friend	ami
frog	grenouille
flower	fleur
girl	fille
glass	verre
glasses	lunettes
good	bon
green	vert
hair	cheveux
happy	heureux
hat	chapeau
hungry	affamé
house	maison
in front of	devant
lunch	déjeuner
man	homme
many	beaucoup de
milk	lait
money	argent
motorbike	moto
much	beaucoup de
name	nom
near, next to	à côté de
never	jamais
new	nouveau
newspaper	journal
nice	joli
often	souvent
on	sur
potato(es)	pomme(s) de terre
rainbow	arc-en-ciel
red	rouge
school	école
shirt	chemise
singer	chanteur
sky	ciel
strawberries	fraises
street	rue
sugar	sucre
tea	thé
through	à travers
trousers	pantalon
umbrella	parapluie
under	sous
where	où
white	blanc
wife	femme
with	avec
wonderful	merveilleux

ANGLAIS

La répartition des êtres vivants

● Les êtres vivants **doivent trouver dans le milieu où ils vivent les conditions de vie propres à leurs exigences**.

● La répartition des êtres vivants dépend de :

1) La nature du sol. Ex. : on ne parviendra jamais à faire survivre un dattier dans des marécages.

2) L'eau disponible dans le milieu. Ex. : la mousse est capable de rester très longtemps sans eau et de reprendre ses activités après une longue période de sécheresse.

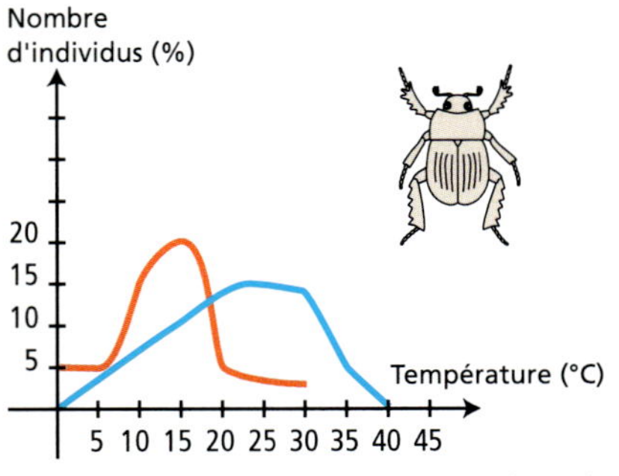

L'espèce B aime les températures élevées (entre 10° et 40°) et vit dans les prairies au soleil.
L'espèce A aime les températures moyennes (entre 5° et 20°) et vit dans les forêts.

3) La température. Ex. : certains carabes (insectes proches du scarabée) ne peuvent survivre qu'à une température comprise entre 10°C et 25°C. D'autres s'adaptent fort bien à des températures supérieures ou égales à 40°C.

4) L'éclairement. Ex. : certaines plantes ne peuvent vivre sans lumière. D'autres n'ont pas besoin d'un ensoleillement très important.

● L'intervention de l'homme peut modifier les caractéristiques d'un milieu.

Note ici les principaux mots d'anglais que tu dois connaître.

Les composantes de l'environnement

- Dans un environnement, on trouve toujours des composants minéraux, des êtres vivants et la présence de l'activité de l'homme.

- Les **végétaux** (arbres, fleurs, mousses, algues), les **animaux** et les **hommes** sont des **êtres vivants**.

- Pour distinguer le vivant du non-vivant, on tient compte d'un certain nombre de critères. Un être vivant :
  - est capable de se reproduire ;
  - naît, grandit et meurt ;
  - se nourrit et respire.

- Pour définir un environnement, il faut :
  - relever les caractéristiques physiques du milieu (température, éclairement, pluviométrie...) ;
  - identifier la faune et la flore du milieu.

- **L'homme est présent partout.** Aujourd'hui, il ne reste aucun site dit naturel.

Note ici les principaux mots d'anglais que tu dois connaître.

Sommaire

Index

ANGLAIS

Sommaire

GÉOGRAPHIE

Sciences au dos

SCIENCES
DE LA VIE ET DE LA TERRE

Sommaire

Index

Sommaire

GÉOGRAPHIE

un dieu.

S

Sabbat : pour les juifs, jour de repos consacré à Yahvé, qui va du vendredi soir au samedi soir.

Sanctuaire : lieu sacré, dans lequel on honore un dieu.

Scribe : fonctionnaire chargé d'écrire les décisions du pharaon.

Sédentaire : personne qui habite toujours au même endroit.

Sénat : sous la République romaine, assemblée souveraine composée d'environ 300 magistrats.

Synagogue : lieu de culte pour les juifs après la destruction du Temple de Jérusalem.

T

Thermes : bains publics.

V

Vizir : principal ministre du pharaon, chef des fonctionnaires.

Répartition de la population

● **Aujourd'hui, 6 milliards d'habitants** peuplent la Terre. Bien que présents sur tous les continents, à l'exception de l'Antarctique, ils sont très inégalement répartis.

● Certaines zones sont très fortement peuplées :

- **le sud et l'est de l'Asie ;**
- **l'ouest de l'Europe ;**
- **le nord-est des États-Unis ;**
- **le sud-est du Brésil ;**
- **le golfe de Guinée en Afrique.**

Ces grands foyers humains correspondent souvent à des plaines proches des mers ou des océans.

Les grandes zones de peuplement

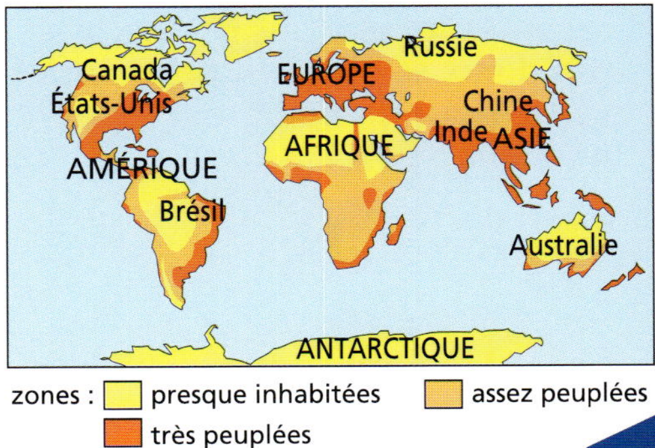

● Certaines zones sont au contraire très faiblement peuplées :

- **près des pôles** à cause du froid (nord du Canada, Groenland, nord de la Russie) ;
- **près des tropiques** à cause de la sécheresse (désert du Sahara, de Gobi, d'Australie) ;
- **près de l'équateur** à cause de la forêt dense (Amazonie) ;
- **dans les montagnes** (Himalaya).

Monothéiste : personne qui croit en un seul dieu.

Musée : vient de Muses, déesses protectrices des arts et des sciences. Chez les Grecs, bâtiment où se réunissent des savants.

Mythe : récit légendaire où sont racontés les exploits des héros et des dieux et qui peut devenir une vérité pour de nombreux êtres humains.

N

Nomade : personne qui n'habite pas un lieu fixe et qui se déplace souvent.

Notable : personne faisant partie des citoyens importants.

O

Oracle : réponse d'un dieu qui doit être interprétée par un prêtre ou une prêtresse.

P

Pictogramme : signe utilisé dans les premières écritures pour représenter un objet ou une idée.

Phalange : chez les Macédoniens, manœuvre de soldats protégés par des boucliers, qui avancent en rangées successives, armés de longues lances. Une phalange compte 4 000 hommes.

Phonogramme : signe, dessin représentant un son.

Procession : cortège, défilé de croyants qui se rendent à un sanctuaire pour honorer

Évolution de la population de la Terre

● La Terre compte aujourd'hui près de 6 milliards d'habitants contre 2,5 milliards en 1950.
Cette évolution est le résultat d'un **fort accroissement naturel**. Depuis 1950, les progrès de l'hygiène et de la médecine ont fait disparaître des maladies mortelles.

● La croissance de la population est cependant inégale selon les continents.

● **En Amérique du Sud, en Afrique et en Asie, la croissance est forte**. Les couples ont en moyenne de 4 à 6 enfants. Cependant, de nombreux pays ne peuvent augmenter leur production alimentaire dans les mêmes proportions. Aussi certains, comme la Chine ou l'Inde, tentent de limiter le nombre des naissances.

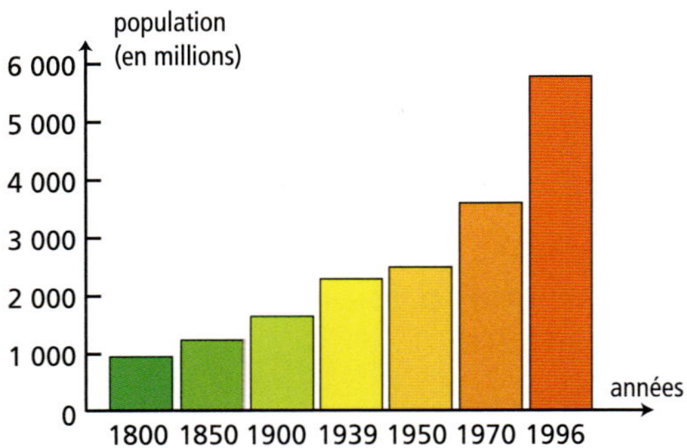

● **En Amérique du Nord, en Europe et au Japon, la croissance est faible.**
Les couples ont en moyenne 2 enfants, car les femmes utilisent souvent des moyens de contraception.
Comme l'espérance de vie s'allonge, la population de ces pays vieillit.

Forum : dans le monde romain, place publique située au centre des villes.

H

Hellénistique : caractérise la civilisation de langue grecque qui s'est développée entre 331 et 30 avant J.-C. dans les territoires conquis par Alexandre.

Hoplite : soldat grec armé d'une lance et d'une épée, protégé par un casque et un bouclier rond.

Houe : instrument de labour à bras.

I

Idéogramme : signe représentant une idée.

Institutions : règles de vie établies par chaque cité.

Irriguer : apporter de l'eau aux cultures pour lutter contre la sécheresse.

L

Légionnaire : soldat romain faisant partie d'une légion (environ 5 000 hommes).

Limon : terre légère et fertile, déposée lors d'une crue.

M

Messie : pour les chrétiens, libérateur envoyé par Dieu pour sauver les hommes.

Métèque : habitant d'Athènes d'origine étrangère.

Pays riches, pays pauvres

● Les pays riches, une cinquantaine environ, sont pratiquement tous situés dans l'hémisphère Nord. Il s'agit des pays d'**Amérique du Nord**, d'**Europe de l'Ouest**, du **Japon**, de l'**Australie** et des **NPI d'Asie**. Ayant de forts revenus, les habitants de ces pays peuvent s'alimenter, se loger, se soigner correctement. L'espérance de vie y est supérieure à 70 ans.

● Les pays pauvres sont surtout situés dans l'hémisphère Sud, principalement en **Afrique**, en **Asie** et en **Amérique du Sud**. Ayant de faibles revenus (parfois 5 francs par jour), les habitants y sont souvent sous-alimentés, mal logés et mal soignés. L'espérance de vie y est inférieure à 60, voire 50 ans.

Les revenus par habitant par an

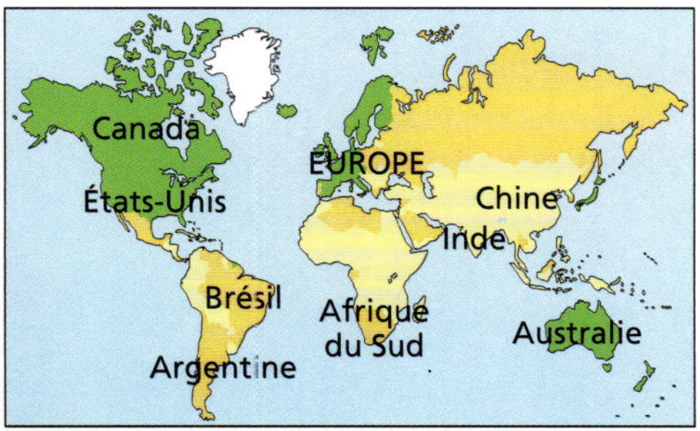

plus de 12 000 dollars
de 5 000 à 12 000 dollars
moins de 5 000 dollars

● Même dans les pays riches, il y a une minorité d'habitants pauvres, sans travail et sans domicile. Inversement, dans les pays pauvres, il y a toujours une minorité d'habitants riches.

fortes pluies.

Cunéiformes : signes en forme de clous dont les combinaisons transcrivent le son d'un mot ou d'une syllabe.

D

Delta : endroit où un fleuve se jette dans la mer en se divisant en plusieurs bras qui forment un triangle.

Démocratie : régime politique dans lequel le pouvoir («cratos») appartient au peuple («dêmos»).

Diaspora : dispersion d'un peuple, d'une ethnie à travers le monde.

Digue : levée de terre servant à contenir les eaux en cas d'inondation.

Disciples : hommes qui ont accompagné Jésus durant toute sa vie et qui ont suivi son enseignement.

E

Ecclésia : assemblée des citoyens d'Athènes.

Édit : décision prise par un empereur et qui ressemble à une loi.

F

Faucille : outil formé d'un manche et d'une lame permettant de couper les tiges des céréales.

Fertile : qui produit de riches récoltes.

Les continents

● Les continents s'étendent surtout dans l'hémisphère Nord et couvrent **30 % de la surface du globe**.
Il y a **6 continents** : l'Asie (le plus grand), l'Amérique, l'Afrique, l'Antarctique, l'Europe et l'Océanie (le plus petit).

● Les océans et les mers couvrent **70 % de la surface du globe**.
Il y a **5 océans** : l'océan Pacifique (le plus grand), l'Atlantique, l'océan Indien, l'océan Glacial arctique et l'océan Glacial antarctique (le plus petit).

● Pour que l'on puisse **se repérer** à sa surface, la Terre a été **quadrillée** par les géographes. **L'équateur** est un cercle imaginaire situé à égale distance des **2 <u>pôles</u>**. Il partage le globe en 2 hémisphères (Nord et Sud).
Les **parallèles**, comme les tropiques ou les cercles polaires, sont des cercles imaginaires parallèles à l'équateur. Ils indiquent la **<u>latitude</u>**.
Les **méridiens** sont des demi-cercles imaginaires qui joignent les pôles. Ils indiquent la **<u>longitude</u>**.

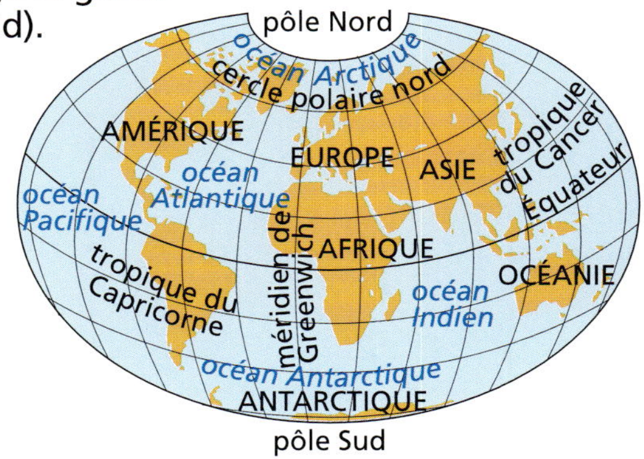

GÉOGRAPHIE

Lexique

A

Acropole : colline sacrée où se trouve le sanctuaire du dieu ou de la déesse protectrice de la ville (Athéna à Athènes).

Amphithéâtre : édifice circulaire comportant une arène dans laquelle on donne des spectacles.

Araire : outil permettant de labourer la terre.

B

Barbare : étranger à l'Empire romain, qui ne parle ni le grec ni le latin.

C

Circoncision : opération chirurgicale qui consiste à enlever le prépuce chez les garçons.

Citoyen : homme reconnu publiquement comme né d'un père citoyen athénien et d'une mère athénienne. Il doit avoir fait son service militaire.

Comice : assemblée du peuple romain pour voter les lois.

Consul : magistrat le plus important exerçant une grande autorité sous la République romaine.

Crucifié : condamné à mort attaché sur une croix.

Crue : élévation du niveau de l'eau d'un fleuve ou d'une rivière, provoquée par de

Les climats à la surface de la Terre

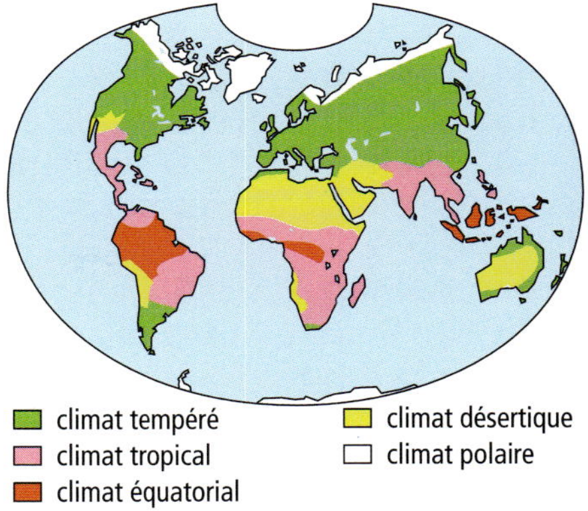

- La Terre ne reçoit pas les mêmes quantités de chaleur et d'eau en tous points du globe. On distingue 3 types de climats (zones thermiques).

- Les climats chauds.

Le climat **équatorial** est très chaud et très humide toute l'année.
Le climat **tropical,** très chaud toute l'année, connaît une saison sèche plus ou moins longue et une saison humide.
Le climat **désertique** est très chaud et très sec toute l'année.

- Les climats tempérés sont les seuls à avoir 4 saisons.

Le climat **continental** connaît un hiver froid et neigeux, un été chaud et orageux.
Le climat **méditerranéen** a un hiver doux et humide et un été chaud et sec.
Le climat **océanique** reste humide toute l'année avec un hiver doux et un été tiède.

- Les climats froids.

Le climat **polaire** reste très froid et très sec toute l'année.
Le climat **montagnard** est plus froid et plus humide que les climats des plaines voisines.

La fin de l'Empire romain

Théodose II, empereur romain d'Orient de 408 à 450.

- Aux IIIe et IVe siècles, l'Empire romain d'Occident est affaibli par des généraux qui se battent pour devenir empereur. Aux frontières, il est menacé à l'est par les Parthes et au nord par les Germains, attirés par ses richesses.

- À sa mort, en **395**, l'empereur Théodose **divise l'Empire entre ses deux fils** :
    - à l'ouest, l'Empire romain d'Occident dont la capitale est Rome puis Ravenne, en Italie ;
    - à l'est, l'Empire romain d'Orient dont la capitale est Byzance.

- Au Ve siècle, des peuples barbares, poussés par les Huns, se réfugient dans l'Empire. Rome est pillée à plusieurs reprises et le dernier empereur, Romulus Augustulus, est détrôné en 476.
L'Empire romain d'Occident est partagé en une multitude de royaumes barbares.
L'Empire romain d'Orient résiste ; il prend le nom d'**Empire byzantin** et survit jusqu'en 1453.

- Pour les historiens, 476 marque la fin de l'Antiquité et le début du Moyen Âge.

La végétation à la surface de la Terre

● Dans la zone froide, autour des pôles, la végétation est absente.
Près des cercles polaires, des lichens, des mousses, des arbustes apparaissent l'été **après la fonte des neiges**. C'est la **toundra**.

● Dans la zone tempérée, la végétation est plus variée :
- dans le **nord**, où l'hiver est long et froid, c'est la **taïga**, forêt de conifères ;
- au **centre**, c'est la **forêt de feuillus** qui perdent leurs feuilles à l'automne ;
- dans le **sud**, la forêt laisse place à la **garrigue** et au **maquis** (buissons et bosquets d'arbres).

● Dans la zone chaude, près de l'équateur, grâce à la chaleur et à l'humidité permanentes, c'est la forêt dense.

Le désert, un milieu aride

Puis, de l'équateur vers les tropiques, les pluies diminuent. À la forêt dense succèdent les herbes hautes de la **savane**, puis la végétation dispersée de la **steppe** et les déserts avec leurs îlots de végétation autour des points d'eau, les **oasis**.

Le christianisme

● **Les principaux textes sur la vie de Jésus-Christ sont les Évangiles**, écrits par quatre de ses disciples et **regroupés dans le Nouveau Testament, qui fait partie de la Bible**. Ils racontent que Jésus est né en Palestine, alors dominée par les Romains.
À l'époque, les Juifs attendent un Messie qui doit venir les libérer et beaucoup d'entre eux pensent que c'est Jésus. Jésus prêche une religion monothéiste et promet à ceux qui croient en Dieu une vie éternelle après la mort.

Crucifixion, de Tommaso Guidi

● Pour les grands prêtres juifs, Jésus est un menteur. Le gouverneur **Ponce Pilate** le condamne à être crucifié. Selon ses disciples, Jésus ressuscite et, **après sa mort, sa religion se répand dans l'Empire romain**. Les nouveaux croyants sont appelés chrétiens et fondent des églises, mais ils sont persécutés car ils sont une menace contre la paix romaine.

● En 313, l'empereur Constantin, par l'édit de Milan, autorise la religion chrétienne.
En 391, l'empereur Théodose décide que le christianisme est désormais la seule religion officielle de l'Empire romain.

Le relief de la Terre

- Les plaines et les plateaux sont les parties planes des continents. Grandes étendues, elles en **couvrent la majeure partie**.
Dans les plaines, dont l'altitude est proche du niveau de la mer, les cours d'eau coulent à l'intérieur de vallées très larges.
Dans les plateaux, dont l'altitude est plus élevée, les vallées sont plus fortement encaissées.

- Les montagnes sont les parties hautes des continents. Elles se caractérisent par des **altitudes très élevées** (8 848 m pour l'Everest dans l'Himalaya).
Les cours d'eau prennent leur source au pied des sommets et coulent dans des vallées très étroites et profondes. Les montagnes sont étirées en chaînes ou groupées en massifs.

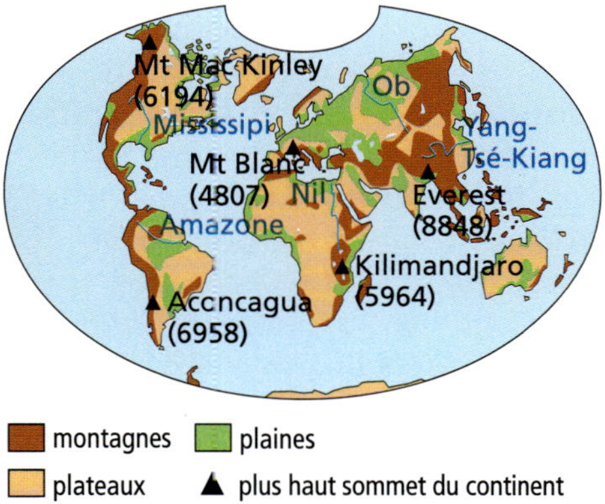

- Les contraintes naturelles sont fortes dans les montagnes. Ce sont des milieux répulsifs. Elles sont plus faibles dans les plaines et les vallées, qui sont souvent fortement peuplées et aménagées. Ce sont des milieux attractifs

La Gaule romanisée

Une villa romaine

- Aux Ier et IIe siècles ap. J.-C., **la culture romaine se répand dans tout l'Empire** : c'est la romanisation.

- En Gaule, les **notables** (qui administrent les cités) **sont obligés de parler le latin**. Les Gaulois engagés dans l'armée romaine ont eux aussi appris cette langue et peuvent devenir citoyens romains.
Certains Gaulois, très riches, deviennent sénateurs romains et font construire, dans leur ville, **les copies de monuments qui existent à Rome** : forums, amphithéâtres, thermes, temples… Dans les campagnes, en revanche, seules quelques fermes ressemblent à des villas romaines.

- Tous les ans, des délégués des cités gauloises se rassemblent à Lugdunum (Lyon), capitale romaine, pour rendre **un culte à l'empereur**. Les dieux gaulois, quant à eux, gardent leurs caractéristiques mais prennent le nom des dieux romains.

- **En 212 ap. J.-C., tous les habitants de l'Empire deviennent citoyens romains.**

Les métropoles d'Europe

● En Europe, une quarantaine de villes dépassent le million d'habitants.
Paris, Moscou, Londres sont les trois plus grandes métropoles du continent.

La Tour de Londres, Big Ben

● Les grandes villes d'Europe possèdent souvent deux centres :

- un **centre ancien** historique où se trouvent la cathédrale, un grand nombre de monuments, le quartier des administrations, des commerces, des loisirs (cinémas, théâtres...) ;
- un **centre nouveau,** proche de la banlieue où se dressent des tours de bureaux. C'est le centre des affaires (ex. le quartier de la Défense à Paris). L'essentiel des emplois est concentré dans le centre-ville. Des milliers d'habitants de la banlieue viennent y travailler tous les jours.

● Dans les **banlieues,** les maisons individuelles alternent avec les immeubles de plusieurs centaines de logements. Le long des voies de circulation, qui relient ces banlieues au centre-ville, s'installent de vastes constructions comme les usines, les entrepôts et les hypermarchés.

La République romaine

● **À partir de 509 av. J.-C., les Romains ne veulent plus de roi**. Rome devient une république. Le pouvoir est exercé par des personnes d'abord choisies parmi les plus riches, puis parmi tous les Romains (au cours du IVe siècle).

● Les citoyens se divisent en deux groupes : les patriciens (riches propriétaires) et les plébéiens (artisans, commerçants et paysans).

● Les **magistrats** élus proposent des lois qui doivent être approuvées par le Sénat. Les **citoyens**, réunis en comices, votent les lois.
Les deux principaux magistrats sont les **consuls**, élus pour un an par le peuple. Ils commandent l'armée.
Dix **tribuns de la plèbe** (magistrats sacrés) peuvent, en s'opposant à leurs décisions, protéger les citoyens. La vie politique s'organise autour de la grande place publique : le forum.

Les ruines du Forum à Rome

● En 44 av. J.-C., Jules César, vainqueur des Gaulois, prend tous les pouvoirs. Il est assassiné par les défenseurs de la République le jour où il doit recevoir le titre de roi. Commence alors une longue guerre civile.

Les métropoles nord-américaines

● Quatre Nord-Américains sur cinq vivent dans des agglomérations dont une cinquantaine dépassent le million d'habitants. À **New York**, on compte **plus de 16 millions d'habitants**.

● **Les villes sont surtout nombreuses sur les côtes de l'Atlantique et du Pacifique**.
Sur la côte atlantique, de New York à Washington, de même que de Chicago à Toronto et autour des Grands Lacs, les villes se succèdent pratiquement sans interruption.

Tours du World Trade Center, à New York

● Comme l'espace ne manque pas, **les villes nord-américaines s'étendent sur des kilomètres**.
Au centre, le CBD (Central Business District), fait de nombreux gratte-ciel, est un lieu de travail où affluent quotidiennement des millions de travailleurs.
À la périphérie, les banlieues et leurs maisons individuelles sont un lieu de résidence.
La population aisée y cherche la tranquillité et la sécurité, loin des ghettos où progressent la délinquance et la criminalité.

Les conquêtes de Rome

● Du VIIIe au IVe siècle avant J.-C., Rome est une cité d'Italie centrale comme beaucoup d'autres. Elle doit se défendre contre les attaques des cités voisines, puis elle commence ses conquêtes au IIIe siècle avant J.-C.

Dates avant J.-C.	Conquêtes
IIIe siècle	des cités grecques du sud de l'Italie
264-202	de l'ouest de la Méditerranée guerre contre Carthage (cité d'Afrique du Nord)
IIe et Ier siècles	de la Grèce, des royaumes hellénistiques (Asie Mineure, Judée, Égypte) et de l'Espagne
52	de la Gaule : Jules César bat Vercingétorix à Alésia

L'Empire romain à la mort de Jules César

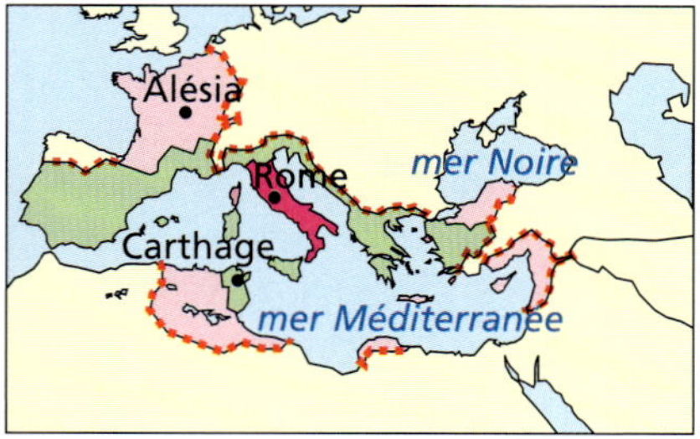

les provinces du IIIe siècle
les provinces de 272 à 100 av. J.-C.
à la mort de Jules César
frontières de l'Empire

● Les territoires conquis sont organisés en provinces. La grande discipline des légionnaires romains permet à Rome de dominer le bassin méditerranéen. Ils appellent la Méditerranée *mare nostrum* («notre mer»).
Les conquêtes enrichissent les Romains aisés (sénateurs et commerçants) qui adoptent peu à peu la manière de vivre des Grecs.

es metropo es des pays pauvres

● Dans les pays pauvres, la croissance des villes est très rapide. **São Paulo, Le Caire, Bombay** gagnent chaque jour des **centaines d'habitants**. Les villes s'étendent toujours plus loin et se transforment.

● Au centre, se crée un quartier des affaires reconnaissable à ses tours de bureaux. Autour, se mêlent quartiers d'habitations riches (luxueuses villas) et pauvres (vieilles maisons traditionnelles). **À la périphérie**, près des usines et des voies de communication, se développent des **bidonvilles**, où s'installent des paysans que les campagnes ne peuvent plus faire vivre. Sans travail, ils exercent des petits métiers. La pauvreté des campagnes s'est déplacée vers les villes.

Un bidonville au Brésil

● Dans les pays pauvres, la croissance des villes est souvent désordonnée. Faute d'argent, des quartiers entiers sont **mal équipés** (pas d'égouts, par exemple). L'**hygiène** y est très mauvaise (l'eau est rarement potable). La **pollution** est forte.

La légende des origines de Rome

- Rome se situe dans une région du centre de l'Italie, le Latium, près du fleuve Tibre. Selon la légende, **la ville aux sept collines a été fondée en 753 avant J.-C. par Romulus**.

- Romulus a un frère jumeau, Remus. Leur mère est la fille d'un roi et leur père, le dieu de la guerre, Mars. Abandonnés dans un panier sur le Tibre, les deux frères sont **recueillis par une louve**, puis élevés par des bergers.

- Devenus adultes, Romulus et Remus décident de fonder une ville à l'endroit où ils ont été trouvés. Après une dispute pour savoir qui sera le roi, Romulus tue son frère. Il donne son nom à la nouvelle ville et devient le premier roi de Rome.

- L'archéologie confirme certains points de la légende. On a retrouvé sur une colline de Rome les traces d'un village de bergers datant du VIIIe siècle avant J.-C.

Statue de la louve romaine

Les littoraux touristiques : le littoral méditerranéen

● Le littoral méditerranéen est aujourd'hui la première région touristique du monde.
Chaque année, 200 millions de touristes, surtout européens, y passent leurs vacances.
Ce littoral a beaucoup d'atouts : climat chaud et sec de mai à octobre, plages et monuments (ruines grecques et romaines...).

La ville de Menton

● Depuis les années soixante, avec l'augmentation du niveau de vie et de la durée des congés, le nombre de touristes européens n'a cessé d'augmenter. Pour les accueillir, **des stations touristiques ont été aménagées** : marinas autour des ports de plaisance, locations en bord de mer, villas et terrains de camping dans l'intérieur des terres.

● **Si le tourisme apporte des emplois et de l'argent, il pose aussi des problèmes**.
Les stations balnéaires, fréquentées surtout l'été, sont surchargées et polluées. Les routes et les autoroutes de la région sont embouteillées. Le paysage naturel est parfois défiguré par les constructions en béton.

La civilisation hellénistique

● Après la mort d'Alexandre le Grand, en 323 avant J.-C., **ses généraux se partagent l'Empire et fondent plusieurs royaumes**. S'inspirant de rois perses, les souverains hellénistiques disposent d'un pouvoir absolu et rivalisent entre eux pour être les plus puissants. Ils embellissent leurs capitales et s'entourent des plus grands savants, ce qui permet l'enrichissement mutuel des cultures grecque et orientale.

Plan de la ville d'Alexandrie

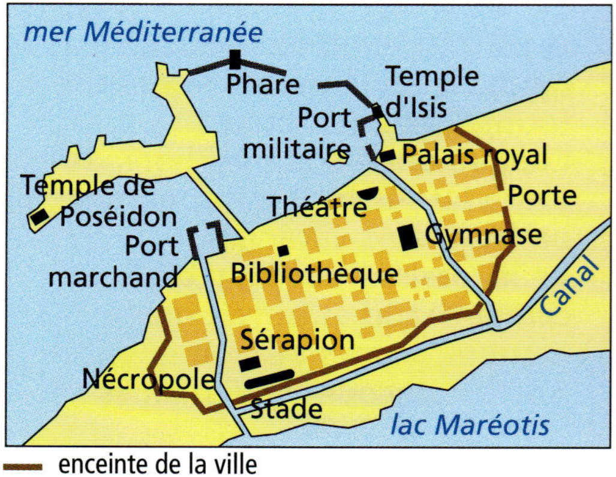

● **À Alexandrie, en Égypte, Ptolémée fonde la dynastie des Lagides**. Les constructions prestigieuses se multiplient : un musée, la plus grande bibliothèque du monde, le plus grand phare de la Méditerranée, etc.

● **Alexandrie est une ville immense pour l'époque**. Elle est construite en damier : à l'intérieur des murailles, les rues de la ville se coupent à angle droit.
Grâce à ses ports, elle est aussi le **principal centre de commerce méditerranéen**. De nombreux Grecs, Juifs et Égyptiens s'y rencontrent et leurs cultures s'y mélangent.

Les littoraux industriels : le littoral pacifique du Japon

- Le littoral pacifique du Japon est aujourd'hui l'une des premières régions industrielles du monde. Étroite plaine coincée entre les montagnes et l'océan, **ce littoral a été profondément transformé par le développement de l'industrie**.

- Sur la côte, les ports équipés pour charger et décharger les plus gros navires de commerce occupent les larges baies.
Autour des ports **s'élèvent des usines** dont la production (téléviseurs, ordinateurs, voitures) est expédiée dans le monde entier.
Derrière la côte se dressent les quartiers d'affaires (tours de bureaux), **puis les quartiers d'habitations** (constructions traditionnelles).
Des voies de circulation rapide relient l'ensemble.

Le port industriel de Kobé, reconstruit aprés un tremblement de terre

- Aujourd'hui, l'étroite plaine est totalement saturée, aussi des **terre-pleins et des îles artificielles ont-ils été aménagés** (polders) pour recevoir entrepôts, aéroports, parcs d'attractions… Cette région est aussi **très polluée** par les rejets des usines.

Alexandre le Grand

● **Au milieu du IVe siècle avant J.-C.,** le roi Philippe de Macédoine conquiert la plupart des cités grecques. Il rêve de dominer l'immense empire perse qui s'étend de l'Asie Mineure à l'Inde. **Il meurt assassiné en 336 avant J.-C.**

● Son fils, Alexandre, lui succède. Il a vingt ans lorsqu'il part conquérir la Perse avec une armée grecque et macédonienne. Grâce à ses phalanges et à ses talents de chef de guerre, il **bat les armées du roi Darius** au cours de plusieurs batailles. Alexandre le Grand est souvent accueilli en libérateur par les différents peuples qui composent l'empire perse car il respecte leurs traditions et leur religion.

Les conquêtes d'Alexandre

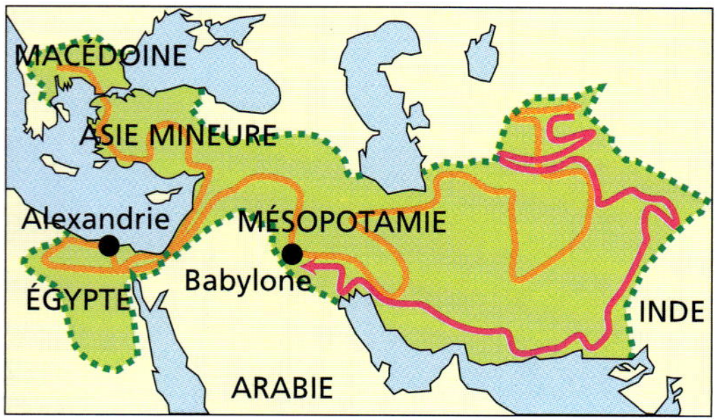

trajet d'Alexandre à l'aller
trajet d'Alexandre au retour
l'empire d'Alexandre

● Il fonde plusieurs villes qui portent son nom, comme **Alexandrie en Égypte.** En rapprochant les cultures perse et grecque, **il est le créateur d'une nouvelle civilisation** : la civilisation hellénistique.

● Alexandre meurt en 323 avant J.-C. à Babylone, sur le chemin du retour vers la Macédoine.

Les paysages d'Europe RURAUX

● Dans les régions proches de l'océan Atlantique, les **champs, petits, irréguliers et clos** par des haies d'arbres servent de prairies. L'élevage de bœufs, de moutons et de porcs l'emporte sur les cultures : c'est le **bocage**. Les **maisons sont dispersées**.
Cependant, aujourd'hui, les haies qui servaient pour parquer les bêtes sont remplacées par des fils électriques et les champs sont regroupés pour être plus grands et plus faciles à travailler. C'est le remembrement.

● Loin des côtes, dans les grandes plaines, les **parcelles sont plus grandes, plus régulières et ouvertes**. On y cultive des céréales (blé, maïs) et des plantes à fourrage (luzerne). Les cultures l'emportent sur l'élevage. Les **maisons sont groupées en villages**. C'est l'**openfield**.

Paysage traditionnel de l'ouest de la France

● Avec l'utilisation de tracteurs et de machines (moissonneuses-batteuses, trayeuses pour le lait…), le nombre d'agriculteurs diminue. Beaucoup de villages d'Europe se dépeuplent. Mais une nouvelle activité se développe : le tourisme rural.

Les dieux grecs

● **Les Grecs croient en plusieurs dieux.** Ils sont polythéistes, comme les Égyptiens.

● Les dieux grecs sont très puissants et immortels. Ils ont une **forme humaine idéale** et, à l'image des hommes, ils éprouvent des **sentiments** (amour, haine, colère…). Ils vivent en communauté (sous l'autorité de Zeus) sur le **mont Olympe** dont ils descendent parfois pour se mêler aux mortels. **Ils font connaître leurs volontés aux hommes par l'intermédiaire des oracles.**
Chaque cité a sa divinité protectrice. Pour Athènes, c'est Athéna, la déesse de la Guerre, de la Sagesse, de la Pensée et des Arts.

Visage du dieu grec Zeus

● Pour satisfaire les dieux, les Grecs font des processions, des sacrifices et des offrandes dans des sanctuaires. Des compétitions sportives et des spectacles de théâtre sont donnés en leur honneur. Les plus célèbres jeux sont ceux qui ont lieu à Olympie tous les quatre ans : **les jeux Olympiques**.

● **Les Grecs croient aussi aux héros**, mortels ou demi-dieux descendant d'une divinité et d'un mortel. Le plus célèbre est **Héraclès** (Hercule). Leurs aventures et celles des dieux constituent la mythologie.

Un paysage rural en Amérique du Nord

● Au centre du Canada et des États-Unis, dans les Grandes Plaines, le paysage est très géométrique.
Les routes, parfaitement droites, se coupent souvent à angle droit.
Les champs, rectangulaires et non clos, portent la même culture sur des hectares.
Les fermes sont éloignées les unes des autres.

● Les **fermiers** (appelés *farmers* en anglais) des Grandes Plaines **cultivent des céréales** (blé, maïs) et **élèvent des bœufs, des porcs**…
Ce sont des hommes d'affaires qui vendent la totalité de leur production à des entreprises agroalimentaires.

● Comme ils possèdent des tracteurs, des machines agricoles, et qu'ils utilisent des engrais, des herbicides et des insecticides, les *farmers* produisent beaucoup.
Un *farmer* nourrit, à lui seul, plus de 90 personnes.
C'est ainsi que les Grandes Plaines d'Amérique du Nord sont la principale région agricole du monde.

Un champ de blé

Athènes au Ve siècle avant J.-C.

● Au début du Ve siècle avant J.-C., Athènes aide les cités grecques d'Asie à se révolter contre les Perses. En **490 avant J.-C.**, ces derniers débarquent à **Marathon** pour punir Athènes. Ils sont repoussés. **En 480 avant J.-C.**, les Perses reviennent et pillent Athènes mais ils sont à nouveau **battus à Salamine**. Ces guerres sont appelées guerres médiques. **Elles renforcent le prestige d'Athènes** dont beaucoup de cités demandent la protection militaire.

L'Acropole à Athènes

● Au milieu du Ve siècle avant J.-C., Athènes est au sommet de sa gloire. **Périclès**, le principal homme politique, fait embellir les monuments et les temples de l'Acropole.

● Athènes est une démocratie mais seuls les citoyens expriment leurs opinions à l'ecclesia. Les femmes, les enfants, les métèques et les esclaves ne sont pas citoyens : ils n'ont pas de droits politiques.

● Comme Sparte, Athènes s'est ruinée dans la guerre du Péloponnèse. **Sa puissance décline à la fin du Ve siècle avant J.-C.**

Un paysage rural en Asie

Une plantation de riz

● En Asie, près de trois milliards d'hommes et de femmes vivent du riz qu'ils cultivent partout où c'est possible :

- dans les montagnes, ils aménagent des rizières en terrasses ;
- dans les plaines, ils aménagent des **rizières en casiers**.

● **L'eau est indispensable à la culture du riz.** Elle est apportée l'été par la mousson et l'hiver par l'irrigation, à partir de la rivière ou du fleuve voisins.

● La culture du riz nécessite **beaucoup de main-d'œuvre** et de travail pour préparer les champs, semer, repiquer, puis récolter le riz. Tout se fait à la main.
Cette culture a évolué : les riziculteurs utilisent des variétés de riz plus performantes et plus résistantes. Les productions ont donc augmenté.

● **Le riz, récolté deux à trois fois par an**, permet de nourrir une population très nombreuse. Dans les deltas des grands fleuves, les densités dépassent 500 à 1 000 habitants au km^2.
Le Vietnam est le 3e exportateur de riz.

Sparte

● Sparte est une cité de Laconie, située au sud du Péloponnèse. Selon la légende, elle fut organisée par le roi Lycurgue.
Constituée de quatre villages, Sparte ne possède ni édifices ni temples somptueux car ses habitants ne sont pas attirés par la richesse ou par l'art.

● Les Spartiates sont divisés en **trois groupes**.

Un hoplite

- Les égaux descendent des conquérants de la Laconie. **Ils possèdent des terres et font partie des dirigeants de la cité**. Ils s'entraînent dès l'enfance à être d'excellents hoplites.
- Les périèques sont des **hommes libres** mais ne peuvent pas participer à la vie politique.
- Les hilotes cultivent les terres des égaux. Ils sont méprisés et **n'ont aucun droit**.

● **En 404 avant J.-C., Sparte sort victorieuse** mais affaiblie de la longue guerre du Péloponnèse contre Athènes (431-404 avant J.-C.).
En 371 avant J.-C., Sparte est vaincue par Thèbes, cité de l'Attique. Elle connaît alors un déclin important.

Un village d'Afrique

● Au cœur de la <u>savane</u>, le village est composé de dizaines d'habitations, protégées par un enclos. Tout autour **s'étendent des potagers, puis des champs de céréales**, gagnés sur la savane grâce au <u>brûlis</u>, et enfin des pâturages.

● Les paysans de la savane associent la culture du <u>mil</u> et du <u>sorgho</u>, qui constituent la base de leur alimentation, à celle de plantes comme l'arachide, qui leur rapporte un peu d'argent. Ils élèvent aussi quelques bêtes.

● **Les techniques de culture restent traditionnelles** : labour à la houe, récolte à la faucille. Comme le sol n'est pas très fertile, il est souvent laissé en <u>jachère</u> et les paysans produisent peu.

Les habitations d'un village en Afrique

● Les paysans de la savane cherchent cependant à améliorer leurs techniques de culture mais **les progrès sont lents, faute de moyens financiers** pour acheter du matériel plus moderne et des engrais.

Les origines du monde grec

Ulysse aveuglant Polyphème

● **Au IIe millénaire avant J.-C., les Achéens,** envahisseurs venus des régions du Danube et de la mer Noire, **s'installent en Grèce et en Asie Mineure**. Ils fondent des royaumes organisés autour de forteresses et développent une brillante civilisation : la **civilisation mycénienne**.

● **L'*Iliade* et l'*Odyssée*** sont des récits écrits aux alentours du IXe siècle avant J.-C. et attribués au poète **Homère**. Ils retracent des événements de l'époque mycénienne.
L'*Iliade* raconte la **longue guerre qui a opposé les armées grecques à la ville de Troie**, en Asie Mineure. L'*Odyssée* relate les **aventures d'Ulysse**.

● **Au VIIIe siècle avant J.-C.**, une **nouvelle forme d'organisation du territoire** apparaît : **la cité**. Une cité est un petit État indépendant composé d'une ville et de la campagne qui l'entoure.
Chaque cité a ses propres institutions.

● **Le monde grec connaît une rapide extension entre le VIIIe et le VIe siècle avant J.-C.** La langue et la culture grecques se diffusent dans tout le bassin méditerranéen.

Le désert du Sahara

● Situé en Afrique, de part et d'autre du tropique du Cancer, le Sahara est un des plus grands déserts du monde. **Comme le climat est très chaud et très sec, la végétation reste limitée** entre les ergs (dunes de sable) et les regs (étendues de petites pierres). Cependant, **des oasis se développent autour des points d'eau permanents**.

Vue du désert du Sahara

● Très peu d'hommes vivent dans le Sahara.

Les nomades, éleveurs de chèvres, de moutons et de dromadaires se déplacent constamment pour trouver des pâturages et des points d'eau et faire du commerce.

Les agriculteurs sédentaires des oasis cultivent céréales, fruits et légumes à l'ombre des palmiers-dattiers.

● **Depuis une quarantaine d'années** et avec la découverte dans le sous-sol de gisements de pétrole, de gaz, de fer et de nappes d'eau, **le désert se transforme**. Des puits d'extraction ont été creusés. Pour loger ouvriers et mineurs, **des villes naissent au cœur du désert**.

La religion des Hébreux : le judaïsme.

● La **Bible** est le **livre sacré des Hébreux**. Écrite au cours du Ier millénaire avant J.-C., elle raconte l'histoire de ce peuple et de son alliance avec le Dieu unique **Yahvé**. Yahvé est tout-puissant et invisible : il ne peut pas être représenté. La religion des Hébreux est la première religion monothéiste connue.

● Yahvé a passé une alliance avec **Abraham**, qu'il a renouvelée avec **Moïse**, sur le mont Sinaï. Il lui a transmis **dix commandements** gravés sur la pierre : **les Tables de la Loi**. Elles sont gardées dans un coffre en bois, **l'Arche d'alliance**, conservé dans le **Temple de Jérusalem**. Le respect de ces lois est important pour les Hébreux ; en retour Yahvé les protège. Comme signe d'appartenance au peuple juif, tous les garçons doivent être circoncis.

Moïse reçoit les Tables de la Loi (Chagall)

● Des fêtes religieuses rythment l'année ; un jour de repos par semaine, le sabbat, est consacré à Dieu. Depuis la destruction du Temple de Jérusalem, les juifs se réunissent dans des **synagogues** pour honorer leur Dieu.

La forêt dense d'Amazonie

● Au niveau de l'équateur, une forêt extrêmement épaisse s'est développée en raison de la chaleur et de l'humidité. La densité de population y est généralement très faible car cette forêt est insalubre et difficilement pénétrable.

● **Longtemps, l'Amazonie a été faiblement exploitée**. Les populations se contentaient d'aménager, par des **brûlis**, des clairières sur lesquelles elles bâtissaient leur village et cultivaient des tubercules (igname, manioc).

La forêt amazonienne

● **Aujourd'hui**, l'Amazonie est **progressivement peuplée et exploitée**. Les arbres sont coupés pour gagner des terres destinées aux cultures ou pour pouvoir exploiter les ressources du sous-sol. Ils sont utilisés pour fabriquer du papier et des meubles. Peu à peu, des villes surgissent au cœur de la forêt.

● **Des millions d'hectares de forêt disparaissent ainsi tous les ans**. Or, la destruction de l'Amazonie n'est pas sans danger : en effet, c'est la forêt qui produit l'oxygène nécessaire à la vie sur la planète.

Le royaume d'Israël

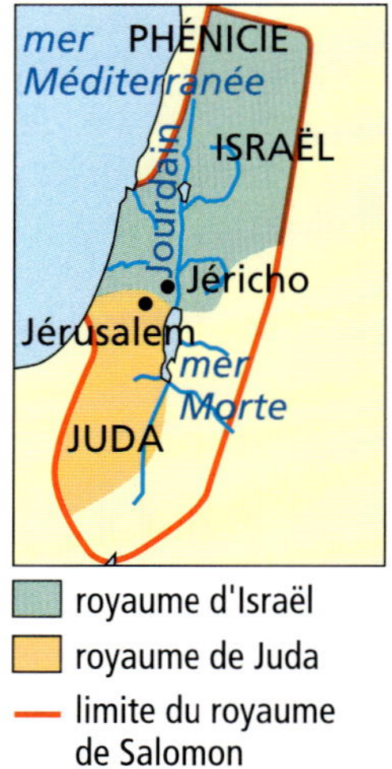

- Au XIe siècle avant J.-C., **Saül est le premier roi des Hébreux.** Son successeur, **David,** termine la conquête de la Terre promise et **installe sa capitale à Jérusalem.** Le règne de son fils, **Salomon**, est une période de prospérité. Il **fait construire un temple à Jérusalem** (qui contient les Dix Commandements) **pour honorer Yahvé.**

- À la mort de Salomon, le royaume des Hébreux se divise en deux :
  - au **nord**, le **royaume d'Israël** avec les Israéliens ;
  - au **sud**, le **royaume de Juda** avec les Judéens (ou Juifs).

- En 587 avant J.-C., les Babyloniens, avec leur roi Nabuchodonosor, détruisent le Temple de Salomon et emmènent les Juifs en exil à Babylone. De retour en 538 avant J.-C., les Juifs refondent Jérusalem et reconstruisent un temple.

- Le royaume des Juifs sera successivement conquis par les Perses, les Grecs et les Romains. Après une révolte contre ces derniers, en 70 après J.-C., le Temple de Jérusalem est à nouveau détruit et les Juifs dispersés dans l'Empire romain. **C'est la Diaspora**.

es Andes

● La cordillère des Andes est une chaîne de hautes montagnes qui s'étire sur près de 8 000 km, le long de la côte ouest de l'Amérique du Sud. Au centre de la cordillère, entre des sommets de **plus de 6 000 m**, des vallées s'étendent aux environs de 3 000 m d'altitude, c'est l'Altiplano.

L'étagement des cultures dans les Andes

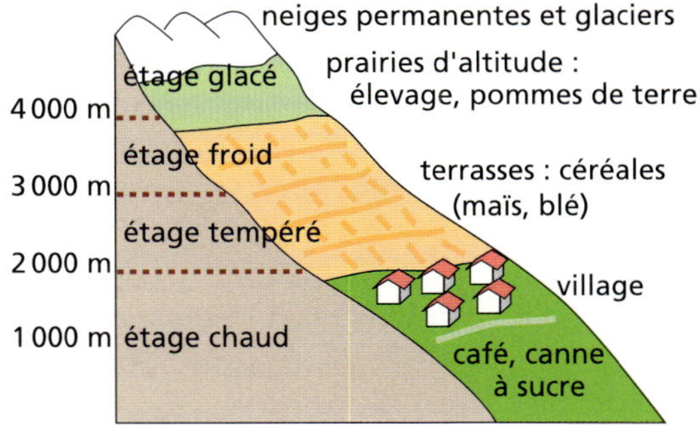

● Dans les Andes, la vie n'est pas facile. Avec l'altitude, l'air se raréfie. Il est difficile de construire à cause des fortes pentes. Les activités, notamment agricoles, sont paralysées par le froid une partie de l'année.

● L'activité des habitants est liée à l'altitude :
- **à l'étage tempéré**, ils cultivent des **céréales** (maïs, blé) sur des terrasses ;
- **à l'étage froid**, ils cultivent des **pommes de terre** ;
- **sur les prairies d'altitude**, ils élèvent des lamas et des moutons pour leur viande et leur laine.

● Cependant, la terre ne parvient plus à nourrir la population qui augmente rapidement. De nombreux paysans vont peupler les bidonvilles qui entourent les villes de la plaine.

L'histoire des Hébreux

Le périple des Hébreux

le trajet d'Abraham
le trajet des successeurs de Jacob
le trajet de Moïse

- La Bible nous raconte l'histoire des Hébreux.
Vers 1800 avant J.-C., **Abraham** reçoit la révélation de l'existence d'un dieu unique, **Yahvé**. Il quitte la région d'Ur, en Mésopotamie, avec sa famille et part s'installer dans un pays que son dieu lui a promis. Ce pays s'appelle **Canaan** (aujourd'hui la Palestine). Le voyage des Hébreux jusqu'à la Terre promise dure de nombreuses années.

- Vers 1700 avant J.-C., une famine fait fuir de nombreux Hébreux en Égypte.
D'abord bien accueillis, ils sont ensuite persécutés par les Égyptiens.

- Ils quittent l'Égypte vers 1300 avant J.-C., sous la direction de Moïse. C'est l'**Exode**.
Dans le désert du Sinaï, Yahvé donne à Moïse les règles que doivent respecter les Hébreux : ce sont les **Dix Commandements**.

- De retour en Terre promise, les Hébreux se sédentarisent. Après deux siècles de guerre contre les peuples qui habitaient Canaan, **les Hébreux fondent le royaume d'Israël**.

[illegible] pour réussir une carte

● Une carte est une représentation plane d'une des parties de la Terre (continents, pays...).

LE RELIEF DE LA FRANCE

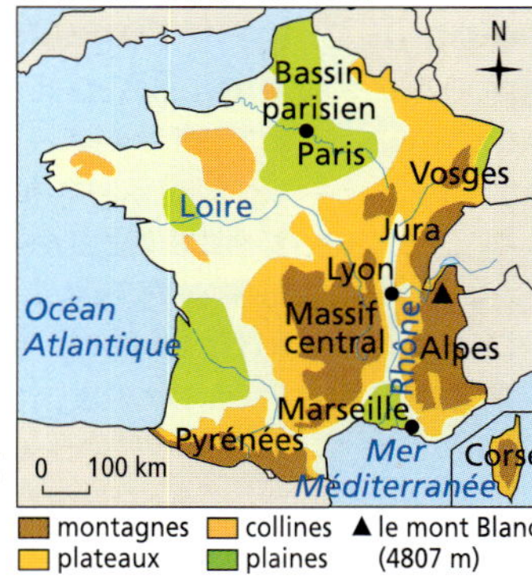

● Tu dois écrire :

- un **titre**, en majuscules noires ;
- une **<u>légende</u>**, en minuscules noires, avec des petits rectangles de couleur tracés à la règle ;
- une **<u>échelle</u>** et une **orientation**.

● **Garde les mêmes codes pour toutes les cartes** :

- océans et mers = bleu ;
- reliefs : montagnes = marron foncé, plateaux = marron clair, plaines = vert ;
- climats : polaire = blanc, continental = vert foncé, océanique = vert clair, méditerranéen = orange, tropical = rose, désertique = jaune, montagnard = brun ;
- sommets des montagnes = triangle noir ;
- volcans = triangle rouge ;
- villes = point noir ou rouge.

● **Écris tous les noms horizontalement** (sauf ceux des montagnes et des fleuves).

- continents et pays = noir ;
- océans et cours d'eau = bleu ;
- autres noms = noir.

GÉOGRAPHIE

Les dieux

● **Les anciens Égyptiens sont polythéistes** : ils croient en plusieurs dieux qui vivent dans un monde invisible **d'où ils dirigent l'univers**. Chacun a une fonction précise : le dieu Rê, par exemple, fait se lever le soleil chaque jour.

● Les dieux sont représentés sous forme d'animaux ou d'hommes avec une tête d'animal. Parmi les plus connus, Horus, le dieu à tête de faucon, est le protecteur des pharaons.

● Chaque ville a ses propres dieux mais certains sont vénérés dans toute l'Égypte, comme Osiris. Selon la légende, ce roi fut tué et découpé par un frère jaloux, Seth. Sa femme, Isis, rassembla les morceaux de son corps et **Osiris revint à la vie. Il règne depuis sur le monde des morts.**

Le temple de Kom-Oumbo

● **Intermédiaire entre les hommes et les dieux**, le pharaon doit rendre un culte aux dieux dans les temples. Il est aidé par des **prêtres** qui reçoivent en échange de riches offrandes.

Lexique

A

Accroissement naturel : différence entre le nombre des naissances et celui des décès.

Agglomération : ensemble formé par une ville et sa banlieue.

Agroalimentaire (entreprise) : entreprise qui transforme des produits agricoles (lait, blé…) en produits alimentaires (yaourt, pâtes…).

Altitude : hauteur d'un point par rapport au niveau moyen des mers et des océans.

Attractif : attirant.

B

Bidonville : quartier pauvre constitué d'habitations de planches et de tôles récupérées dans des décharges et souvent situé dans des zones inadaptées : pentes des collines, zones marécageuses.

Brûlis : technique qui consiste à incendier la végétation pour enrichir le sol avec les cendres avant de le cultiver.

C

CBD (Central Business District) : quartier d'affaires des villes nord-américaines ; typique avec ses gratte-ciel, ses bureaux, ses boutiques de luxe, ses hôtels et ses restaurants de prestige.

Le pharaon

● Le pharaon est le maître de la Haute et de la Basse-Égypte.
Les Égyptiens le considèrent comme **le fils du dieu du soleil** (Rê). C'est un dieu parmi les hommes et son pouvoir est immense :

- il est le chef de la religion ;
- il dirige les armées pour protéger son pays des peuples ennemis ;
- il est le protecteur des Égyptiens : si une récolte est mauvaise, son pouvoir est remis en cause.

● Pour diriger l'Égypte, qui est très étendue, **le pharaon est aidé par des fonctionnaires.** À leur tête, le **vizir** doit veiller au respect des décisions du pharaon. Il est assisté par des scribes qui mesurent les champs, les récoltes et collectent les impôts. Dans leur grande majorité les Égyptiens sont des paysans.

Le corps du pharaon est placé dans un sarcophage

● Pour continuer à vivre après leur mort, l**es pharaons sont momifiés**. Certains se font construire d'immenses tombeaux : **les pyramides**.

… naturelle : élément de la nature qui rend difficile l'installation des hommes.

D

Delta : endroit où un fleuve se jette dans la mer en se divisant en plusieurs bras qui forment un triangle.

Densité de population : nombre moyen d'habitants au km². Pour la calculer, on divise le chiffre de la population par celui de la superficie en km².

E

Échelle : rapport entre la distance réelle et la distance représentée sur une carte ou un dessin.

Espérance de vie : durée moyenne de vie.

G

Ghetto : quartier où vit une communauté à l'écart du reste de la population.

H

Herbicide : substance qui détruit les mauvaises herbes.

I

Insalubre : qui favorise l'apparition de maladies à cause du manque d'hygiène, du climat ou de l'inconfort.

Irrigation : technique qui permet, à l'aide de canaux et de tuyaux, d'apporter de l'eau aux cultures pour leur permettre de pousser.

Le Nil, entre Louxor et Assouan

- Le Nil est l'un des plus longs fleuves du monde.
Il traverse les déserts de la Haute-Égypte puis forme un delta, au nord de Memphis, en Basse-Égypte.

- Le Nil rythme la vie des anciens Égyptiens. Chaque année, **une crue se produit de juillet à octobre**. Pour retenir l'eau et irriguer leurs champs, les paysans égyptiens construisent des digues et des canaux. Grâce à ce travail et au limon déposé par la crue, **la vallée du Nil est très fertile.**
Les récoltes se font à partir du mois de mars avant les nouvelles inondations. Si celles-ci sont trop fortes ou si la sécheresse s'installe, c'est la famine.

- Le Nil est aussi une **voie de communication**. Des bateaux relient la Haute et la Basse-Égypte et permettent l'échange de marchandises.

- Les Égyptiens considèrent le Nil comme un dieu. Grâce à lui, l'Égypte ancienne est un empire riche et puissant.

J

Jachère : terre labourable, qu'on laisse temporairement reposer.

L

Latitude : distance d'un point du globe au parallèle d'origine, l'équateur. Elle est mesurée en degrés.

Légende : liste des symboles figurant sur une carte, un plan… avec leur signification.

Lichen : végétal très résistant qui pousse en particulier dans les régions froides.

Littoral : espace de contact entre une terre et la mer.

Longitude : distance d'un point du globe au méridien d'origine, le méridien de Greenwich. Elle est mesurée en degrés.

M

Marina : ensemble touristique aménagé au bord de l'eau avec habitations et accès direct à la mer.

Métropole : très grande ville qui exerce son influence sur un vaste territoire.

Mil : céréale à petits grains dont se nourrissent les hommes et les animaux.

Mousson : vents venant de l'océan Indien qui, de mai à octobre, apportent des pluies très abondantes en Asie du Sud et du Sud-Est.

Moyen de contraception : moyen utilisé pour éviter la

La naissance de l'écriture

- La **première forme d'écriture** apparaît dans le Croissant fertile vers **3200 avant J.-C.** à Sumer, au bord du golfe Persique. Pour se souvenir de ce qu'ils produisent, vendent ou disent, les Sumériens gravent des dessins d'objets sur des tablettes d'argile. Ce sont des **pictogrammes**.

- Progressivement, et pour écrire plus vite, les scribes de Sumer vont simplifier leurs dessins : ainsi apparaissent les **signes cunéiformes**.

- Au même moment, les Égyptiens inventent les **hiéroglyphes**, une écriture composée d'idéogrammes et de phonogrammes. Les scribes les gravent sur de la pierre ou les dessinent sur une sorte de papier fabriqué à partir d'une plante : le papyrus.

- Vers **1100 avant J.-C., les Phéniciens inventent un alphabet** dans lequel chaque lettre correspond à un son. Notre propre alphabet en est issu.

Des hiéroglyphes

- C'est avec l'écriture, qui permet aux hommes de conserver la mémoire des événements passés, que naît l'histoire.

conception d'un enfant temporairement.

N

NPI : Nouveaux Pays Industrialisés. Les NPI d'Asie sont la Corée du Sud, Singapour et Taiwan.

O

Oasis : îlot de végétation au cœur du désert lié à la présence d'un point d'eau permanent.

P

Pôles : points situés aux deux extrémités de l'axe imaginaire autour duquel tourne la Terre.

Port de plaisance : port qui accueille des voiliers et des yachts pour le tourisme.

R

Remembrement : regroupement de plusieurs terrains ou champs, pour en former un seul plus facile à exploiter.

Repiquage : une fois que les graines ont germé sur un espace réduit, les nouvelles pousses sont plantées plus espacées.

Répulsif : désagréable et repoussant.

Résidence : lieu d'habitation d'une personne.

Rizière : champ entouré de petites digues de terre, inondé et planté de riz.

La révolution néolithique

● Vers 10000 avant J.-C., le climat de la Terre se réchauffe. Certains animaux comme les rennes ou les mammouths partent vers des régions plus froides ou disparaissent. Progressivement, **les hommes doivent s'adapter à ces nouvelles conditions de vie.**

● **Vers 8000 avant J.-C.**, dans le Croissant fertile (zone qui s'étend de l'Égypte à la région du Tigre et de l'Euphrate), **l'homme invente l'agriculture** : il plante des graines de céréales (blé, orge) afin de se nourrir et s'installe près des champs, dans des cabanes. Les premiers villages apparaissent et l'homme qui était nomade devient sédentaire.

Le Croissant fertile

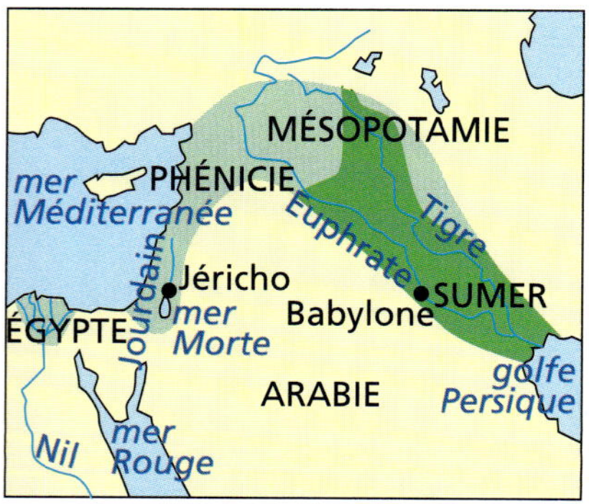

Croissant fertile — région la plus fertile

● Afin de mieux cultiver, les hommes créent des outils comme la houe, la faucille ou l'araire. Pour ne pas avoir à chasser, ils domestiquent des animaux (moutons, porcs...). Ils fabriquent des poteries pour conserver les céréales.

● **L'élevage et l'artisanat sont nés.** Ils marquent la révolution néolithique qui va se diffuser à partir du Croissant fertile.

S

Savane : végétation composée d'arbres ou d'arbustes dispersés et de hautes herbes dans la zone tropicale séche ou demi-sèche.

Sorgho : céréale appelée aussi «gros mil» dont se nourrissent les hommes et les animaux.

Station touristique : ville en bord de mer ou à la montagne dont l'activité principale est le tourisme.

T

Toundra : végétation de mousses, de lichens et d'arbustes, typique des climats froids et secs.

Tubercule : bosse fixée sur les racines de certaines plantes (pomme de terre, igname...).

Note ici les mots que tu as appris.

Index

Sommaire

HISTOIRE

MATHS

HISTOIRE

Maths
au dos